U0337037

中欧国际工商学院30周年系列丛书

从挑战者到独角兽

专精特新小巨人的崛起

中欧国际工商学院 / 著

FROM CHALLENGER
TO UNICORN

The Growth Path of Little Giants

机械工业出版社
CHINA MACHINE PRESS

本书讲述了创业从 0 到 1、从 1 到 N 以及从 N 到 N+1 三个不同阶段的战略选择和创新举措。这三个阶段分别代表三种不同的关键任务，同时对应三个不同的能力模型。10 个案例执笔者为中欧国际工商学院创业学、运营管理、决策科学、战略学、市场营销、组织行为学等领域的著名教授，生动地还原了动态模型和实战经验，既有技术创新企业从 0 到 1 的突围，又有商业模式从 1 到 N 的复制，以及上市企业从 N 到 N+1 的跨界增长，帮助读者梳理商业创新的底层逻辑。本书是企业家和创业者极佳的管理实践教材。

图书在版编目（CIP）数据

从挑战者到独角兽：专精特新小巨人的崛起 / 中欧国际工商学院著 . —北京：机械工业出版社，2024.2

ISBN 978-7-111-74957-8

Ⅰ. ①从⋯　Ⅱ. ①中⋯　Ⅲ. ①企业创新－研究　Ⅳ. ① F273.1

中国国家版本馆 CIP 数据核字（2024）第 046972 号

机械工业出版社（北京市百万庄大街 22 号　邮政编码 100037）
策划编辑：秦　诗　　　　　　责任编辑：秦　诗　　高珊珊
责任校对：王小童　　张　薇　责任印制：张　博
北京联兴盛业印刷股份有限公司印刷
2024 年 6 月第 1 版第 1 次印刷
170mm×230mm · 16.5 印张 · 1 插页 · 167 千字
标准书号：ISBN 978-7-111-74957-8
定价：79.00 元

电话服务　　　　　　　　　网络服务
客服电话：010-88361066　机　工　官　网：www.cmpbook.com
　　　　　010-88379833　机　工　官　博：weibo.com/cmp1952
　　　　　010-68326294　金　书　网：www.golden-book.com
封底无防伪标均为盗版　机工教育服务网：www.cmpedu.com

序言一

　　创业的本质就是一个字：新。新技术、新产品、新模式针对的往往是一个无法被检验的新兴的细分市场。在产品上市初期，其技术性能可能不及主流市场的成熟产品，但某些技术特点会赢得一部分消费者的青睐，从而逐步改变市场在某一点上的核心价值主张。正是这个简单的逻辑，引导着许多前所未有的新生事物找到了巨大的市场价值，使得一些著名的大公司被一家又一家不起眼的小公司击败，也使得整个创业旅途充满了无限的魅力和强劲的生命力。

　　顺应这个简单的逻辑，中欧国际工商学院在 12 年前开设了创业营课程。12 年来，作为课程的组织者，我们有幸和 600 多位杰出的创业者共同见证了中国经济的飞速发展，一起经历了跌宕起伏的市场变迁。在教学研讨、沟通交流、讨论争辩、企业参访的过程中，中欧的教授们参照企业家们的实际决策过程，积累了大量极其珍贵的创业经验和教训，并在此基础上撰写了一大批创业企业案例。此次编纂成书的校友企业案例集就是其中的典型。

本案例集选取的企业涉及人工智能、智慧医疗、高端智造等不同行业。我们希望通过剖析这些企业家走过的弯路、迈过的难关，能够形成可借鉴、可复制、可推广的经验，以启迪更多正处于攀登期或迷茫期的创业者，希望创业者能从这些案例描述的场景中分析、思考自己企业的发展方向，减少创业失误的概率。

首先是市场定位的启迪。对于科创公司来说，市场定位是 1，产品、商业模式和运营组织都是 0。只有市场定位准确，后面的 0 才有意义。以我本人参与调研的擎朗智能为例，创始人李通与合伙人在创业之初曾懵懵懂懂，带着"做自己喜欢的事情"的亢奋选择教育机器人这一赛道，没多久就遭遇了市场规模、成本控制、资金筹措等困境。在合伙人离开、不得不同时揽下销售与研发重任的至暗时刻，李通意识到转型的紧迫性，重新定位"在国际机器人领域中处于边缘阶段的服务机器人"，剑指餐饮业长期存在"传菜送菜这种既辛苦又没有技术含量的跑腿工作"的痛点。擎朗智能及时将目标客户从数量少、分布散的科普机构转向客户数量多、市场需求稳定的餐饮行业，找到了产品与市场的契合点，开辟了机器人送餐的新蓝海，这才有了海底捞主动上门寻求合作的后话。对于创业企业来说，难的不是在创立伊始有一个精妙的"idea"（创意），而是能在实践中不断打磨，甚至敢于大刀阔斧转向，最终找到能够实际落地的"idea 2.0"。

其次是管理模式的启迪。创业初期一个精妙的创意很重要，但是技术成果的商业化、企业的可持续发展，一定是技术与管理齐头并进的结果。我们发现，很多具有坚实理工科背景的科创企业创始人，技术顶呱呱，但是对市场需求、商业规律、管理模式、财务控制、激励机制等方面的理解和掌控还欠缺火候。比如在擎朗智能案例中，几位技术出身的合伙人一开始根本不了解如何从市场融资，一度只能靠个人筹措的 20 万元资金勉力维持。而在欧普照明案例中，从成立电商渠道部到试错后建立升级版的电商事业部，创始人马秀慧能够搭乘互联网快车将欧普打造为行业龙头，离不开组织架构的优化、战略决策的调整、科学的人才配置和管理，以及合适的绩效激励机制。正如我常和学员们强调的，真正优秀的企业家要能运用管理学知识"治未病"，及时察觉问题、修正问题，防微杜渐、防患于未然，只有这样才能带领企业穿越上下周期，实现长足稳健的发展。

最后是社会责任的启迪。我一直认为，创业者是我们整个社会最有价值的资源。本案例集涉及的企业家都在各自领域为社会发展做出了杰出的贡献，发挥了积极示范作用。在这些企业家身上，ESG[⊖]不只是停留在纸面的理念，更是见真章的实际行动。比如开能健康的瞿总，他不仅是将全屋净水概念引入国内的先驱者，也是身先士卒打造污水回用系统的实干家。如果不是出于对生态保护的赤诚之心，很难想象这位国内最早上市公司之一的创始人会选择环保领域进行二次创业，也很难理解他为什么不算经济账，力排众议关闭市政污水排放口，将园区打造成可循环、可持续的小型水环境生态圈。哈佛大学教授克莱顿·克里斯坦森在总结企业失败的教训时曾说过："在单纯追求利润和增长的过程中，一些伟大企业的伟大管理者因为使用了最佳管理技巧而导致企业的失败。"企业家如果单纯追求利润和增长，忽

⊖ ESG 评价体系，从环境、社会和公司治理（environmental, social and governance）三个维度评估企业经营的可持续性与对社会价值观的影响。

略了企业和自己的社会责任，那是走不长久的。改革开放 40 多年来，中国诞生了大批像瞿总这样优秀的企业家，他们为社会不断创造价值，为国家可持续发展提供了扎实的物质和技术基础。我们希望更多的创业者能够在实现企业经济价值的同时创造社会价值，以推动社会经济高质量发展。

"总结经验、创造知识、推动创新、助力发展"，这是中欧国际工商学院开设创业营课程的初心和使命。随着中国经济的不断发展，越来越多的中国企业将活跃于国际舞台之上，中国科创的故事也将为世界商业案例研究注入新的活力。我们由衷地希望，本案例集能成为一本创业者的实用工具书，能丰富广大创业者的工具箱，为更多的科创企业提供实实在在的帮助。

张维炯

中欧国际工商学院副院长兼中方教务长、战略学教授

PREFACE

序言二

出版这本中欧创业营校友企业案例集，缘起于中欧创业营创营十周年之际。

从 2012 年到 2023 年底，中欧创业营陆续培养了 608 名创业者学员。其中，45% 的学员企业是高科技企业，42% 的估值超过 1 亿美元，上市公司达 50 家。毫不夸张地说，这些学员企业背后的商业故事，浓缩了近十年国内创业圈的风起云涌，有的更在新时代中国商业史上留下了浓墨重彩的一笔。如今，在不少新兴领域，中国初创企业取得的成就"前无古人"，已然令外国同行望尘莫及，全球商业观察的重心也正相应地"东移"，更有必要及时对中国初创企业进行梳理总结。

辉煌过往皆是序章。在创业营创营十周年之际，我们精心选取十家校友企业作为商业案例，并按照我所提出的精益创业三阶段动态模型，将这些案例分为三步。

- 第一步"0 到 1"：创新企业的成长与演进
- 第二步"1 到 N"：快速扩张期的企业战略
- 第三步"N 到 N+1"：创新企业的社会责任

分别对应商业模式的验证阶段、规模化阶段和触及天花板后寻找新方向的跨界转型阶段，以期为后来者带来"全过程"的启迪。

根据近年来对超过 1 000 家创业企业与中小企业的追踪研究，我们认为，厘清发展阶段，找准阶段性发展任务，对初创公司是非常必要甚至是关乎存亡的。

在"0 到 1"阶段，创业者的最大挑战是在产品导向和市场导向的二元逻辑中不断调整，寻找最佳结合点。换言之，成功的产品既应是独特新颖甚至具有颠覆性的，又该是消费者愿意买单的。这一逻辑听着简单，实践起来却殊为不易。

比如凭借送餐机器人"杀出活路"的擎朗智能，在海底捞上门寻求合作前，创始人李通也曾带着教育机器人吃遍全国上百所学校的"闭门羹"。又如深耕工程车远程智能操作的拓疆者，起初投资人看好的外包服务模式在市场遇冷，在公司精简至 4 人之际，终以因客户需求而生的产品销售模式立足，令创始人隋少龙由衷感慨"初创企业就是在快速试错中不断迭代，在市场反馈里不断优化"。对于聚焦移动机器人的快仓而言，2018 年后的电商收缩反而为其打开思路，在无人分拣、搬运是大势所趋这一基本判断下，快仓将移动机器人的应用场景从单纯的电商仓储扩展至制造、流通等全场景仓储，最终成功从亿级市场赛道切入到千亿级市场赛道。

在"1 到 N"阶段，创业者的关键任务则转向构建标准化体系，

进而实现企业发展的指数级扩张。这也是初创企业必将经历的转型难题——要以全新打法从"小而美"升级为"大而美"。

以饮料界黑马元气森林为例,创始人唐彬森用互联网思维做饮料,大胆放权,启用跨界新人,引入 A/B 测试等方法快速试错,迅速打造出"0 糖 0 卡 0 脂"气泡水这一爆品,但当公司规模从几十人扩张至近 8 000 人时,扁平化管理和小团队作战适配度明显下降,如何梳理好各环节的权责、优化分工与协同成为考验创始人更重要的课题。以流量起家的婴幼儿洗护中高端品牌戴可思在发展至"1 到 N"阶段后,创始人张晓军开始深耕供应链,建设自有研发基地和生产基地,以期形成集研发、生产、销售于一体的产业链。凭借"一碗北大硕士卖的米粉"走红的霸蛮,其创始人张天一曾数月拓展近 40 个零售 SKU,预期每个单品创造 1 000 万元 / 年的销售额,从而实现 4 亿~5 亿元的年新增销售额,但单品过于细分带来的现金流压力让他迅速认清现实,转年就把 SKU 缩减到 10 个以下,尽量不再迭代,尽量高标准化,尽量保持一致性,以确保扩张不会"失控"。

在"N 到 N+1"阶段,触及既有模式天花板的创业者需要将目光投向新的方向和领域。此时,企业往往会采取 3B 战略,即买(Buy)、借(Borrow)和建(Build),通过收购、跨界合作,以及增加事业部或孵化新公司、新产品等方式进行多重布局,实现"全都要"。

比如豆浆机巨头九阳,在厨房小家电品类做到"头"后,九阳收购戴森的主要竞争对手 Shark,借"船"进入蒸汽拖把、扫地机器人、洗地机这一清洁家电新赛道。又如照明巨头欧普,在其电商渠道部受组织架构掣肘不能拿到货源后,集团果断将该部门升级为公司第一个事业部,赋予了更多的话语权和资源,最终,欧普电商用 5 年时间达成年销售额 15 亿元的亮眼成绩。在更专业的医疗器械领域，天臣医疗采取内部 PK 机制激励内部研发和新产品孵化，在公司目前的五大产品线中，管型外科手术吻合器新技术平台正是由 PK 机制孕育而生的。原本主营全屋净水的开能健康，其创始人瞿建国在一次污水倒灌事故后对园区进行全水回用和河道水质净化改造，而这一内部改造却"无心插柳柳成荫"，意外吸引众多游客打卡参观，延展出餐厅、咖啡店、有机食材集市等新商业场景，为公司开辟了工业旅游这一新进项。

　　通过上述案例，我们希望揭示处于不同发展阶段初创企业的成功秘钥，同时给更多创业者带来思维框架上的更新——当遭遇发展瓶颈时，不妨停下来认真思考企业所处的阶段，明确相对应的目标任务，检视团队能力与任务间是否存在错配，从而提出相应的升级改进策略。

　　当然，本书所呈现的观点未必是标准答案，也未必是唯一答案，只是给所有创业者一个"解题思路"作为参考。希望书本前的你，合上书本，回到现实，在碰到企业发展类似困境时能会心一笑："嘿，这题我会，书上讲过。"

龚焱教授

中欧国际工商学院创业管理教授、中欧创业营课程主任

CONTENTS

目录

序言一
序言二

第一步 **"0 到 1"**
创新企业的成长与演进 001

第1章 ▶ **擎朗智能**
服务机器人的探路者 002

第2章 ▶ **拓疆者**
开拓工程机械智能远程操控的疆域 026

第3章 ▶ **快仓智能**
AMR 行业全球独角兽的成长之路 044

第二步 **"1 到 N"**
快速扩张期的企业战略 071

第4章 ▶ **元气森林**
互联网时代饮料市场破局者 072

第5章 ▶ **戴可思**
出圈之后，如何长红 094

第6章 ▶ **霸蛮科技**
打破餐饮的边界 114

第三步 **"N 到 N+1"**
创新企业的社会责任 151

第7章 ▶ **九阳股份**
新营销的挑战与机遇 152

第8章 ▶ **欧普照明**
互联网时代电商事业的发展和探索 177

第9章 ▶ **天臣医疗**
吻合器进口替代 206

第10章 ▶ **开能健康**
可持续性发展的探索与实践 224

第一步
STEP1

"0 到 1"

创新企业的成长与演进

CHAPTER 1

第 1 章

擎朗智能

服务机器人的探路者[⊖]

"我们的送餐机器人产品已经基本定型。接下来的任务，就是把产品推向市场，最关键的一步就是落实好重要客户。"这是李通在擎朗智能（简称"擎朗"）2019 年初公司工作会议上对管理团队下达的任务。"我们要厘清客户需求，切实为客户创造价值；我们还要做好供应链的管理、控制生产成本，这样才能使我们的项目顺利落地。"

自 2010 年开始，李通和伙伴们"摸着石头过河"，从为高校定制实验室机器人，到高仿机器人、家用扫地机器人，甚至到商场里的卡通玩具机器人，他们在机器人应用领域里不断探索。"我

⊖ 本案例作者为中欧国际工商学院张维炯教授，案例研究员赵玲（于 2022 年 10 月共同撰写，数据截至 2022 年 10 月）。在写作过程中，得到了上海擎朗智能科技有限公司的协作与支持。

相信机器人能改变人类的生活，我要为更多的人创造价值。"带着
对机器人技术的挚爱和要为社会创造更多价值的信念，李通和他
的团队从 2013 年起进入了商用服务机器人领域。

餐饮行业市场规模巨大。这个行业劳动强度大、重复性高，
如果能让机器人来完成部分工作，将为整个行业节约大量的人力
成本。2013 年底，擎朗的第一台餐厅服务机器人"小朗"在实验
室问世，迈出了人工智能赋能餐饮业的第一步。2016 年，擎朗研
发出了新一代产品"花生"，并从资本市场获得了 3 000 万元的融
资。[⊖]有了资金支持，公司的研发和市场开拓得到了进一步的推动。
2018 年夏，获悉餐饮龙头企业海底捞正在为人力成本高的问题寻
求解决方案，李通意识到这是擎朗机器人商业化的绝佳机会。

但创业之路诸多坎坷。自创业开始八年多来，李通经历了创
始伙伴离开、产品找不到销路、资金捉襟见肘等一系列绝望时刻，
似乎盼到了一丝希望。目前产品已经实现了几次迭代，性能大大
改善，又得到了资本的支持，公司面临的问题是怎样把研发成功
的产品推向市场。要采用怎样的商业模式？如何解决好供应链问
题？团队应该如何搭建？李通和他的伙伴们陷入了深深的思考。

学霸李通

李通，1982 年出生于江苏宿迁，父亲是一名高中物理老师。
受到父辈的熏陶，李通从小就对科学充满了好奇和憧憬，对机器

⊖ 擎朗智能公司官网。

人特别感兴趣。中学时代他就开始自己动手修理家中的冰箱、洗衣机等电器。

2002年,李通考入华中科技大学电子工程及其自动化专业。华中科技大学是一所充满科技探索氛围的学校,一向重视培养学生的科技创新能力,积极为学生提供各种科技活动平台。在学校的电子科创基地里,李通如鱼得水,对机器人的好奇心得到了极大的满足。他和来自电气、自动化、机械、生命学科等多个学科的同学成立了机器人项目组,专注于机器人研发,平时就住在实验室里。大学四年里,他和小伙伴们一起尝试了重型机械机器人、排爆机器人、智能家居机器人等多个项目。他还代表学校参加了第九届挑战杯竞赛[⊖]、微软"创新杯"[⊜]等一系列竞赛,并在所有的竞赛中获得一等奖。

繁忙的社团、竞赛活动并没有耽误李通的学习。本科毕业时李通被推荐免试直升攻读研究生,师承程时杰院士。硕士学习期间,他进入人工智能(AI)项目组,继续和同学们一起钻研机器人。他们当年研发的机器人至今还被学校作为一个教学典型,陈列在学校的实验室里。

硕士毕业后,李通先后在微软亚洲工程院、上海广茂达伙伴

⊖ 挑战杯竞赛是"挑战杯"全国大学生系列科技学术竞赛的简称,由共青团中央、中国科协、教育部和全国学联共同主办。"挑战杯"系列竞赛被誉为中国大学生科技创新创业的"奥林匹克"盛会。

⊜ 微软"创新杯"是微软创办的全球规模最大的学生科技大赛,是全球最有影响力的学生科技活动之一,至今已有超过来自190个国家和地区的175万名学生参与了"创新杯"及相关活动。

机器人有限公司[⊖]等单位工作，参与过机器人控制系统、机器人 OS 项目、移动互联网 FonePlus、AS-MF09、AS-EI 等研发项目，也担任过教育机器人研发部门的经理。"很辛苦，很锻炼人，也学到了很多东西"，回忆那段工作经历李通说道，"但是这不是我想要的。我想要的是看到我自己研发的机器人进入人们的日常生活，实实在在地为大家服务。"[⊜]

创业伊始

"我开始觉得在公司上班不那么好玩，还是想做点更有意思的事情。"李通笑着说。2010 年，带着对机器人事业的偏执和热爱，李通毅然辞去了高薪工作，和三个合伙人一起凑了 20 万元启动资金，在上海闸北老区一个居民小区的毛坯房里，成立了擎朗智能科技有限公司。"擎"有举起、托起、中流砥柱的意思；"朗"代表了阳光和开放，擎朗代表了李通的美好愿望。擎朗的英文名称"Keen On"，意为"热衷于、热忱于"，加上公司蓝色的 Logo，整个公司散发出一种科技蓝、光和热，体现出对机器人的执着和偏爱。

公司成立了，几个技术出身的合伙人处于极其亢奋的状态，但是对于生产什么样的机器人、选择什么样的业务模式、销售给

⊖ 上海广茂达伙伴机器人有限公司成立于 1996 年，是全球第一家专业从事伙伴机器人业务的尖端技术公司。

⊜ 资料来源：《厉害了！这位华科男研发的机器人，也许会替代你身边的服务员》，华科男微信公众号。

什么客户，并没有想清楚。"当时确实也不太懂，就是想做自己喜欢的事情。"李通回忆道。他们决定还是从最熟悉的教育机器人入手。当时研发的教育机器人有两个功能：一是为大学的实验室提供研究、教学平台，二是为对科学技术有兴趣的中学生提供学习平台。由于在当时机器人还属于前沿项目，只有一些理念比较先进的优秀学校才会购买。创业伊始，市场需求低于预期，创业之路举步维艰。"开始时我们为大学实验室定制教育机器人，也把产品卖给中小学。后续我们又尝试了高仿机器人、商场里的卡通玩具机器人、家用扫地机器人等各种机器人。"然而，所有产品都遇到了市场需求规模有限、商业化落地艰难的问题。

在产品市场销路不畅的同时，公司还遇到了资金缺乏的问题。几位技术出身的合伙人根本不了解如何向市场融资，靠自己筹集的20万元资金已经消耗殆尽。"那段时间，我们每月只给自己发4000元的工资。"面临着产品没有销路和巨大的财务压力，公司前景渺茫，负责销售的合伙人离开了。迫于无奈，原本负责研发的李通不得不承担起销售的重任。

没有销售经验，也不知道和谁对接，李通只能列出全国的学校清单，一个一个地打电话、上门拜访。就像电影《当幸福来敲门》里的男主角一样，李通凭着坚强的意志，背起装在铝合金箱子里的机器人样机，脚印踏遍了几个省市的几百所学校，却一次又一次地被拒绝。"我们的产品那么好，技术那么领先，为什么他们不接受呢？"这使技术出身的学霸锐气大挫，非常不解。

"有一年我从上海跑到山东，跑了将近半年，最后到了一个镇的中心小学，在等了三四个小时后，终于见到了校长，做成了一笔 6 万元的订单。订单完成后已是大年三十，回程火车票售罄，我只能冲进长途客车站，见车就上，不知转了几趟车才回到家。"李通至今对自己第一次成功的销售经历记忆犹新。

虽然到处碰壁，但是李通并没有时间自怨自艾。销售不畅，没有资金，李通更换了便宜的办公室，将办公室分成几个小间，要求员工办公室不用时灯都要关掉。想办法省钱，就是为了活着。这段至暗时刻的经历，让理工科出身的李通逐渐明白了一个道理："光靠技术不行，产品必须要找到市场。任何创新产品，必须要解决实际问题，客户才愿意付钱，才会有商业价值。"李通开始把眼光放到市场。他发现公司研发的教育机器人，主要客户是一部分优秀的科普学校，这类学校的数量并不多，市场规模有限。有限的市场规模又导致产品只能小批量生产，成本无法降低。他认识到，公司必须转型，必须要找到一个市场容量更大的机器人应用领域。

机器人行业的发展

机器人可以分为工业机器人和服务机器人（见图 1-1）。世界上第一家机器人公司 Unimation 于 1956 年在美国成立，三年后世界上第一台工业机器人诞生了，其功能"和人的手臂功能类似"。⊖随后，机器人技术得到了迅速发展，因为能够有效提升生

⊖　机器人包老师，《工业机器人发展史：见证从 1956 到 2012 机器人是如何成长的？》。

产效率及安全性、易于管理且经济效益显著，机器人被广泛应用
到机械、电子、物流、化工等各个工业领域中。经过几十年的努
力，瑞典的 ABB，德国的库卡，日本的发那科、安川电机等四大
集团在全球机器人领域占据了领先地位。

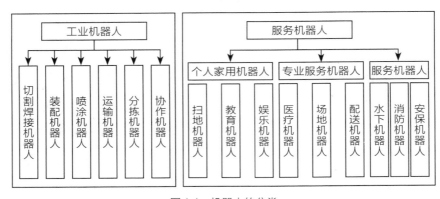

图 1-1　机器人的分类

资料来源：2021 年机器人行业发展前景及下游应用分析报告，https://www.sgpjbg.com/
baogao/35932.html。

服务机器人比工业机器人出现得晚。虽然在 20 世纪 50 年代
美国和日本的一些研究机构就开始了对服务机器人的研发，但是
第一台服务机器人"护士助手"是在 1995 年才出现的。在 21 世
纪的今天，得益于计算机、互联网和智能 AI 的迅猛发展，各种服
务机器人的研发速度加快，在家庭、教育、商业、医疗等场景获
得了广泛应用。

机器人产业在中国也得到了快速健康的发展。自国务院在
2015 年 5 月 19 日发布《中国制造 2025》以来，工业和信息化

部、国家发展和改革委员会等多部委陆续出台政策文件，为机器人行业的发展提供了政策保障。

聚焦餐饮业

李通发现，在工业机器人领域，由于在核心控制器、高精度伺服电机等技术上的领先地位，国外的机器人"四大家族"已经占据了绝对优势，中国企业难以与之抗衡。服务机器人还处于边缘地段，世界上除了实验室里的几个样品，生活中尚未看到实际使用的服务机器人，这是因为应用于生活中的服务机器人技术难度非常高，它需要面对世界、探索世界、自主做决策和判断，还需要具备极强的安全性、自主性和稳定性。

如何让机器人在人们看得到的地方工作，帮助改善人们的实际生活？李通研究了扫地机器人、迎客机器人等几种产品。经过一段时间的分析，李通发现，这些类型的机器人，要么已经有大的集团占领了先机，要么是技术要求高、研发成本大，可替代的劳动力不足，市场前景有限。

一天深夜，李通和同事们在外聚餐时，注意到餐厅的老板娘在一边点餐一边送菜、上菜，跑来跑去累得满头大汗，很是辛苦。李通眼前一亮，传菜送菜这种既辛苦又没有技术含量的跑腿工作，不就是机器人最擅长的吗？他雀跃不已。经过进一步调研，他发现，我国餐饮企业数量在 2016 年就已经超过 500 万家，而且随着经济水平的提高，规模会越来越大。但是这个行业由于人力成

本的攀升，不少企业的发展举步维艰。李通的公司之前做过教育
机器人，积累了大量的技术和经验，完全有可能进入这个细分赛
道，为餐饮企业解决难题。"在餐饮场景中，机器人完全能够解决
餐饮企业面临的实际问题。而且这个行业餐饮企业多、需求量大，
这应该就是我想要寻找的市场。"李通说。

中国的餐饮行业

餐饮行业市场体量巨大。全国餐饮企业数量在 2018 年达到
了 566.6 万家（部分地区餐饮门店情况见表 1-1），营收收入为
4.27 万亿元。专家预计，到 2025 年全国餐饮市场规模可达 6.5
万亿元，年均增速 6.8%。[⊖]该行业是劳动密集型行业，就业人数
会随着企业规模的增长而增长。

表 1-1　2018 年全国部分地区餐饮门店分布及其 GDP

地区	餐厅数量（万家）	GDP（亿元）	地区	餐厅数量（万家）	GDP（亿元）
广东	53.3	97 300	广西	14.8	20 352.51
江苏	42.8	92 595.4	吉林	14.3	15 074.62
山东	41.8	76 469.7	江西	14.1	21 984.8
河南	36.5	48 055.86	山西	13.9	16 818.11
四川	31.9	40 678.13	内蒙古	13.1	17 289.2
浙江	31.1	56 197	重庆	12.4	20 363.19
河北	27.6	36 010.3	贵州	11.4	14 806.45
辽宁	22.7	25 315.4	上海	11.4	32 679.87
湖北	20.9	39 366.55	北京	10.6	30 320
安徽	20.7	30 006.8	甘肃	7.9	8 246.1
湖南	19.8	36 425.78	新疆	7.8	12 199.08
福建	19.8	35 804.04	天津	6.5	18 809.64

⊖　澎湃新闻，《2022 年中国餐饮数字化市场专题分析》。

（续）

地区	餐厅数量（万家）	GDP（亿元）	地区	餐厅数量（万家）	GDP（亿元）
黑龙江	17.4	16 361.6	宁夏	3.5	3 705.18
陕西	17	24 438.32	海南	3.1	4 832.05
云南	14.9	17 881.12	青海	2.5	2 865.23

资料来源：中国饭店协会，2019 中国餐饮业年度报告。

餐饮企业收入区域化差异明显，前十大省份餐饮收入合计占全国餐饮收入 66%。餐饮百强企业的营收合计超过 2 500 亿元，占全年全国餐饮收入的 5.8%。总体上来说，中国餐饮企业的连锁化程度还比较低，仅达到 9.7%（见表 1-2）。相比之下，全球餐饮企业连锁化率平均为 30%，而美国的餐饮企业的连锁化率已高达 54.3%。[⊖]

表 1-2　2018 年部分餐饮企业分店数量

餐饮类型	企业名称	2018 年已开门店数量（家）	预计 2022 年可达门店数量（家）
正餐	北京西贝餐饮管理有限公司	350	362 ～ 380
	广州酒家集团股份有限公司	20	31 ～ 35
	九毛九（广州）控股有限公司	142	470
	香港唐宫饮食集团	59	50
	全聚德	119	109 ～ 120
	同庆楼餐饮股份有限公司	56	120
火锅	四川海底捞餐饮股份有限公司	466	1 400 ～ 1 800
	呷哺呷哺餐饮管理有限公司	886	900
	凑凑火锅	48	200
	捞王（上海）餐饮管理有限公司	59	128 ～ 150
	巴奴毛肚火锅	60	85 ～ 100
快餐	百胜中国控股有限公司	8 484	12 000

⊖　小牛行研，《中国餐饮连锁化率》。

（续）

餐饮类型	企业名称	2018年已开门店数量（家）	预计2022年可达门店数量（家）
快餐	老娘舅餐饮股份有限公司	400	648
	真功夫餐饮管理有限公司	500	528～550
	肯德基	6 000	8 510
	金拱门（中国）有限公司	2 700	4 500
	上海杨国福企业管理有限公司	4 500	5 000
	安徽老乡鸡餐饮有限公司	500	1 100
	味千拉面	700	670～700

随着我国人口向老龄化趋势发展，人力资源供给明显减少，用工成本逐年升高。2018年城镇私营单位就业人员年平均工资为49 575元，同比增长8.3%。⊖中国饭店协会的数据显示，2019年人力成本将达到营业额的22.4%。⊜此外，该行业员工的流失率也非常高。据统计，2018年餐饮行业员工的平均流失率高达25.7%。⊜

餐饮行业的运营模式

在餐饮行业工作的一线员工，按照工种可以分为配菜员、厨师、装盘员、送菜（包括碗碟回收）员、服务员、接待员，及收银、采购和管理等人员，餐饮企业运营模式如图1-2所示。

为降低不断增长的劳动力成本，各大型餐饮企业纷纷开始探索智能化解决方案，如在后厨应用机械臂来配餐、配料等。在所有工种中，送菜服务员这个工种劳动强度最大。这个岗位每天的

⊖ 国家统计局，《2018年城镇单位就业人员平均工资较快增长》。

⊜ 广证恒生，《机器人助力餐饮酒店业人力替代，各场景独角兽呼之欲出》。

⊜ 中国饭店协会，《2018年中国餐饮业年度报告》。

工作只是简单重复，完全没有技术含量，因此企业支付的工资也就比较低，所以年轻人不愿意做，年纪大的人体力又无法胜任，因此员工流失率极高，成了餐饮企业一个令人头疼的问题。

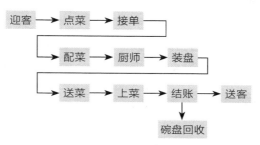

图 1-2　餐饮企业的运营模式

李通仔细分析了餐饮企业不同工种的具体职能，提出了使用机器人代替部分工种的可能性（见表1-3）。

表 1-3　餐饮企业工种职能分类

工种		具体职能	机器人可替代性
管理人员	总部管理人员	企业运营	不可替代
	店长、经理	餐厅运营、管理、员工招聘培训	不可替代
一线生产人员	接待员	迎客入座、订座安排、收集意见	可部分替代
	服务员	帮助订餐、提供服务、解答问题	可部分替代
	厨工	食品准备	不可替代
	送菜员	送菜、碗碟回收	可替代
	其他	店面勤杂、外送等服务	不可替代

资料来源：广证恒生。

从各个工种不同的职能来看，部分与顾客沟通的功能（接待及协助点餐）、送菜和回收碗碟的功能，可以由机器人来取代。如果能研发出一款机器人，能准确并安全地把菜品从厨房送到顾客的餐桌，并承担碗碟的回收工作，能连续工作 10 小时以上，这样的机器人就完全能胜任送餐员的工作。

送餐机器人的探索

找准方向后，李通召集了大学期间一起参加机器人竞赛的小伙伴们重新组队出发。然而，真正开始对产品的探索，李通才发现事情并不像他想得那么简单。

使用场景

送餐机器人应该具备哪些功能？在考察了小南国、海底捞、必胜客、肯德基等各种不同类型的中、西餐厅后，李通发现，行走平稳、能主动避免碰撞、不易打翻、能长时间工作，应该是对机器人最基本的要求，另外在有些条件下还需要考虑对食品的保温。

通过调查李通还发现，偏重客户服务的餐饮企业工种分得比较细，餐厅服务员和传菜员是两个工种。在这种企业里，机器人可以找到市场。

产品开发

开发送餐机器人，首先要考虑的是工作环境问题。李通他们原先做的教育机器人是在实验室封闭的环境里工作的。实验室的环境可以调节，工作人员也懂技术，机器人即使遇到问题，工作人员也可以自己处理。服务机器人面临的将是一个开放的环境，餐厅环境复杂多变，在这种情况下只能让机器人来适应环境。另外，餐厅的服务员基本不懂技术，一旦遇到问题，就需要专人来解决。

在人员密集、开放的环境下，机器人在移动过程中最怕的就是发生碰撞、翻盘，这对机器人的准确性、稳定性、自我判断能力等要求极高，需要用到环境感知、运动控制和人机交互等多种核心技术，涉及芯片、控制器、减速器、驱动装置、检测装置等各种部件（见图 1-3）。

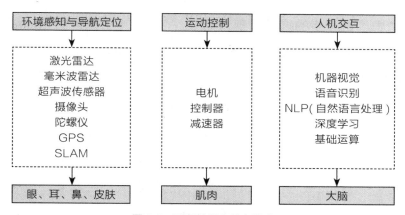

图 1-3　服务机器人核心技术

资料来源：企业提供。

擎朗的第一代服务机器人"小朗"是有轨机器人，没有很强的 AI 功能，在运行时需要循着预先在餐厅地板下铺设的磁条轨道线路行走，需要餐饮企业做较大的前期投入。这款机器人定位精度低，后期改造难度也很大。⊖第二代纯激光导航机器人使用了自

⊖　知乎，《擎朗智能 CEO 李通：获 2 亿元 B 轮融资，擎朗如何做到餐饮配送机器人的头部？》。

主研发的激光雷达技术，不需要装磁条轨道也能简单运行，但是制造成本太高，安全性也无法达标。

李通明白，要让送餐机器人进入餐厅，一定要解决定位、感知和运动控制三大核心技术问题，还要保证机器人可靠、稳定，能够在各种复杂的场景下灵活行走。

早期的机器人算法，并不足以支持机器人有效避障。擎朗将人工智能技术与算法融合，使机器人在复杂场景下的预判和避障能力有了进一步的提升。李通把SLAM⊖技术引入室内无人配送方案，搭配激光雷达、深度视觉等多传感器模块，使其具备柔性化的路径规划能力，实现了L4级别无人驾驶技术，使得机器人完全不需要人为干预，就能在室内自行完成指定线路的稳定运行。

2016年6月1日，采用公司自主L4级别高精度室内导航技术的第三代服务机器人"花生"在上海凯德龙之梦大酒店开始试运行。⊜一位正在酒店洽谈其他项目的投资人不经意间注意到了"花生"，对这个可爱的小东西赞不绝口，他从"花生"身上看到了潜在的投资机会。由此，擎朗获得了历史上第一次数千万元人民币的资本投资（A轮）。

"花生"试运行获得巨大成功，也得到了很多客户的赞赏。李通开始为"花生"寻找合适的"婆家"。他发现，在所有中餐厅里，火锅餐厅的标准化程度比较高，出菜量大，无须保温，万一发生

⊖ SLAM，即Simultaneous Localization and Mapping，即时定位与地图构建，用于帮助机器人在未知环境中运动时实现自主定位与地图构建。

⊜ 澎湃新闻，《2022年中国餐饮数字化市场专题分析》。

碰撞打翻，也比较容易补救，机器人在这种条件下有明显的优势。英雄所见略同，就在李通看准了火锅餐厅的同时，著名的火锅店海底捞找上门来了。

海底捞

海底捞是经营川味火锅的连锁餐厅，1994 年成立，2018 年在香港联合交易所上市。2018 年的销售收入高达 169.7 亿元，人力成本约为 50 亿元。企业共有员工 69 056 名，一线员工的平均月工资约为 5 300 元，加上社保及其他食宿费用等，一个服务员每月的成本在 6 500 元左右。2018 年海底捞有 466 家分店，计划在几年后扩大到 3 000 家分店。⊖

海底捞非常强调服务，因此人力成本远高于其他餐饮企业。海底捞的管理层迫切希望在不降低服务水平的前提下降低人力成本，因为在整个成本结构中，菜品的材料成本和餐厅的租金下降空间已经非常小了（见表 1-4）。

表 1-4　海底捞主要成本构成

年份	收入（亿元）	员工成本占比（%）	材料成本占比（%）	租金占比（%）
2017 年	106.4	29.3	40.5	3.9
2018 年	169.7	29.6	40.8	4.0

资料来源：海底捞 2018 年年报。

海底捞的业务模式分为前厅和后厨，约有 20 个工种，包括出菜、配菜、调味、洗碗、切配、送餐、桌面服务等。海底捞曾尝试和多家高科技公司合作，包括从事无人驾驶汽车研究的企业，

⊖　知乎，《海底捞公布首份年报：2018 新开门店 200 家，总营收近 170 亿！》。

试图找到降低人力成本的智能解决方案。当时企业已经采用了机械臂出菜、配锅机配底料、洗碗机洗碗等方法降低了部分人力成本，但是对于用工量最大的工种——送餐员，还没有找到解决方案，最终海底捞找到了李通。

市场进入模式

如何才能让海底捞接受"花生"？李通知道，企业是非常实际的：对于完成同样的工作，使用送餐机器人的成本比人力成本低，他们才会接受机器人。

考虑到餐厅服务员的人力成本为每月6 500元，当"花生"每个月的使用成本在3 000元左右时，企业可以接受，按照三年使用寿命计算，产品定价在10万元左右，企业可以接受，这样一来就需要把每台机器人的生产成本控制在7万元以下，给生产企业留出足够的毛利空间来对冲企业的研发费用和管理费用。这对李通来说是一个挑战，因为他需要平衡生产成本、产量和客户需求量这三个因素。

还有一个需要考虑的问题是机器人的维修保养。在运营中，一旦机器人出了问题，餐厅服务员是没有能力维修的，需要生产企业派专人上门服务。研发部门的负责人建议，是否可以考虑每台机器人免费提供一年的上门服务，一年以后再收取适当的费用。

李通向海底捞的有关人员进行了征询。海底捞表示，根据目前开店的数量，他们的需求量大概在5 000台。企业无法接受一次性购买，因为现金投入量太大。考虑到像海底捞这样的优秀企业都无法接受一次性购买，那其他中小型餐饮企业更是不可能接受了。

于是市场部的负责人提出，是否可以选择租赁的方法，把机器人租给餐饮企业，每个月收租赁费，或许餐饮企业更容易接受。

行业竞争

在擎朗开发送餐机器人的同时，市场上的其他企业也进入了这个赛道。实际上，自 2015 年人工智能站上风口后，众多机器人玩家蜂拥而至，参与机器人研发的企业数量从个位数经由资本催化发展为成千上万家。不过无人配送机器人对技术的挑战、产品的稳定性以及供应链的要求都非常高，从有想法到开始做，再到真正产生效果，需要多年的积累和资金的投入，经过几年的发展，潮水退去，仅有部分企业活了下来。除了擎朗，普渡科技、穿山甲机器人也是服务机器人行业中的佼佼者。

普渡科技

普渡科技 2016 年创立于深圳，创业团队成员来自清华大学、香港科技大学等名校，并在华为、腾讯、阿里巴巴等公司工作过，有多年机器人研发方面的经验。该公司成立后即获得了天使投资。

2017 年，普渡科技发布了首款配送机器人"欢乐送"，可用于餐厅传菜、酒店送物、医院送药等室内配送服务，获得了德国红点奖最佳设计奖。普渡科技拥有 SLAM 的研发优势，将激光 SLAM 与视觉 SLAM 技术相结合，自主研发了 PuduSLAM 多传感器融合算法，其研发的机器人可通过视觉摄像头对餐厅进行全面扫描，获取环境信息构建地图，能通过激光雷达获得精准度定位，并对障碍物的位置、距离进行识别，从而实现极速避障。2022 年普渡科技已进军国际市场，落地全球 200 余座城市数千家门店。

穿山甲机器人

穿山甲机器人 2006 年成立于苏州，2012 年开始转型做商用服务机器人，是国内送餐机器人的开创者之一。穿山甲曾投资 500 万元在昆山市区开设机器人餐厅，探索服务机器人产品和餐厅的结合使用，推动用户认知教育和观念普及。穿山甲机器人每台价格约为 3 万元，不过产品的技术水平并不算高，不具备与人类对话等人工智能功能，只能用于送餐和搬运货物。⊖

谈到同业竞争者，李通表示并不担心。"2016 年我们获得融资时，风投公司其实也投了美国一家企业，它们的技术可能比我们还好，但由于在美国解决不了供应链的问题，使得它们无法实现量产。目前的竞争者主要来自国内。"李通说。

智能机器人技术复杂，需要依赖研发企业长时间的市场经验，并进行不断的迭代，才能贴近用户实际需求。作为早期进入送餐机器人行业的企业，八年来的技术积累使擎朗机器人在稳定性和

⊖ 环球网，《中国穿山甲机器人在日本"野蛮生长"》。

可靠性方面明显强于竞争者，因此李通对自己产品的市场前景充
满信心。

供应链和批量生产

技术取得了突破，得到了资本的支持，又找到了第一个客户，
擎朗开始着手机器人的规模化生产。

在配送机器人三大核心零部件中，最难把控的是运动控制硬
件。在机器人行业发展初期，由于市场规模太小，机器人的电机、
驱动、主控等核心零部件无法找到合适的供应商。例如，机器人
对电机有非常高的精度要求，因为它要准确地控制电机所转圈数
以保证其精确定位，而这种高精度、高技术、小批量的订单，很
难找到生产企业。

为了解决这个问题，李通设法在设计中尽量采用通用化零部
件，对于那些需要定制的核心器件，他采取了自行研发的方式。

"服务机器人能够成功，需要有两个条件，一是人工智能的算
法和数据处理，二是低成本的非标制造业。""全球最好的机电供应
链在长三角，最好的 3C 供应链在珠三角。国内强大的制造业生态
环境，使得机器人产品能够低成本落地，还能为未来产品的规模
化生产奠定基础。"李通说。

截至 2017 年 12 月底，全国为机器人配套的功能部件制造企
业有 6 472 家，其中 2 309 家集中在长三角经济圈，加上系统集
成商及相关科研院所，长三角地区形成了集研发、生产、应用等

于一体的较为完整的产业链。与长三角地区对应，珠三角地区在数控机床、控制系统和伺服系统等相关技术上集聚了一批优秀的3C 供应链企业。[○]在国内完整产业链的基础上，擎朗通过独立设计、画图纸、写代码，进一步降低了供应链成本，使得擎朗能以非常合适的成本生产出机器人的整机产品。

2018 年，服务机器人"花生"量产下线。"花生"的生产成本比上一代产品下降了约35%，可实现每年 5 000 台以上的量产。李通估计，海底捞大概可以消化1/3 的产量。

踌躇满志，迎接挑战

与海底捞的合作对于擎朗意义重大。作为火锅行业的标杆企业，海底捞可以帮助擎朗在餐饮行业迅速建立标杆，吸引更多的客户。海底捞计划全球开店 3 000 家，每家店约有 8 名传菜员。李通的目标是在海底捞每家店能安排 5 台机器人，一年内完成。尽管做了很多准备，但李通还是遇到了很多棘手的问题。

第一，应该采用怎样的商业模式？"海底捞项目要想顺利落地，需要解决两个问题，一是能解决替代劳动力的问题，二是性价比要达标。"李通说。李通最初的计划是参照工业机器人的做法，将送餐机器人直接销售给客户。目前机器人小批量生产的成本约为每台10 万元。[○]若考虑其他费用以及投资方的期望，将毛

○ 前瞻产业研究院，《2018—2023 年中国工业机器人行业产销需求预测与转型升级分析报告》。

○ 这里的数据为虚拟数据，不代表擎朗的真实业务数据。

利率定在 30% 左右，那价格就要定在 15 万元左右，这个价格企业是比较难接受的。而且，餐饮企业也不具备维修能力，它们更希望的是花钱"雇用"一个机器人。

第二，和供应链的合作。目前机器人的主要硬件都是由供应链定制生产（见图 1-4）。以伺服电机为例，由于机器人对安全性、准确性要求极高，需要精确地控制电机的转数，对此，供应商需要专门设计生产流程和零配件，这就导致生产成本居高不下。通过多次艰难的谈判，擎朗和供应链方基本达成协议：订货量低于 3 000 台，生产成本约为每台 10 万元；订货量超过 3 000 台，生产成本会降低 15%；订货量超过 10 000 台，生产成本还能再降低 15%。海底捞的首批合同不会超过 5 000 台，要降低成本，擎朗必须开拓更多的客户。此外，海底捞第一批订单量只有 1 600 台，还要求分批收货（每批 200 台左右），如果产品性能不达标，则会终止合同。

图 1-4　服务机器人产业链图

资料来源：2020 年中国服务机器人行业研究报告。

第三，团队的搭建。擎朗当时只有几十名员工，且大多数都是技术出身，从技术研发、零部件生产、编写软件、画技术图纸到和客户洽谈业务，所有事都自己干。要服务分散在各地的海底捞分店，以及以后的其他潜在客户，擎朗就必须建立一支技术服务队伍。如果每人负责100台机器人的日常维护工作，根据海底捞在全国甚至全球的门店分布，以及未来可能的出货量，擎朗需要建立一支50人以上的技术服务队伍。而技术人员的成本至少是餐厅服务人员成本的2～2.5倍。

要开拓更多的客户，擎朗还需要建立起一支销售队伍。销售人员的积极性对于销售的结果非常重要。销售人员的工资应该定在什么标准，他们的业绩应该如何考核？需要多少人才能完成公司的销售目标？李通自己做过销售，知道销售工作的艰辛，但是对于这个团队如何建立和管理，还真是没有经验。

第四，公司的组织架构。由于"花生"优异的技术性能，李通估计这个产品在几年后会被全国甚至是全球的很多餐饮企业所接受。公司以后的规模可能达到几千人甚至更大。公司的管理架构肯定会更加复杂，未来的组织架构应该如何设计才能保证业务有更好的发展？

第五，产品的宣传推广。送餐机器人还处于市场早期引入阶段，人们并不了解机器人能做什么。要使更多的人了解送餐机器人，公司一定要做好积极、有效的宣传推广。李通看到过扫地机器人铺天盖地的广告，但总感到这种方法不适合擎朗的送餐机器人。在五彩缤纷的多媒体时代，怎么做广告，怎么做促销，这些对李通来说，还真是一个个新课题。

第六，资金的筹措。在做产品研发的时候，李通还没有仔细想过钱的问题。他认为只要产品好，以后肯定能赚到很多钱。现在产品要进入市场，不论是继续研发投入，还是产品生产、销售、推广，以及团队搭建，到处都需要钱。几千万元的 A 轮资本投入已经花得差不多了，接下来的钱从哪里来？是否还会有投资人对这个机器人项目感兴趣？是否要主动接触投资人，寻求新的资本投入？在接受新的资本投入时，股权比例应该如何分配？

作为一个学霸，李通在科学技术领域开拓，和几个志同道合的伙伴一起合作得得心应手，也曾遭遇过不少困难，但逢山开路、遇水搭桥，总体上都顺利解决了。现在产品已经开发成功，马上要进入商业化阶段，胜利在望了，但是他却感到到处都是坎坷，这使他身心疲惫，很是无奈。因为他知道，在制订实际的商业实施计划中，如果一招不慎，以往十几年的心血就会化为乌有。他不得不小心翼翼地来应对每一个需要解决的问题……

CHAPTER 2

第 2 章

拓疆者

开拓工程机械智能远程操控的疆域[⊖]

2022 年 3 月 23 日，在日本兵库县小野市某测试场内，一辆挖掘机正在灵活地进行支撑回旋、定点回填、挖机装车等作业，然而，操控这些作业的司机却没有坐在挖掘机的驾驶室内，而是坐在 1 700 公里之外的北京拓疆者智能科技有限公司（简称"拓疆者"）的远程操控平台前（见图 2-1）。这是拓疆者为其日本客户远程改装挖掘机后首次基于 4G 公网实现的远程遥控作业。

对于这次测试，日本客户评价道："当看到眼前这台挖掘机通过中国北京的指令动起来后，大家都很激动。日本建筑业正面临着用

⊖ 本案例作者为中欧国际工商学院龚焱教授，案例研究员朱琼（于 2022 年 7 月共同撰写，数据截至 2022 年 6 月）。在写作过程中得到北京拓疆者智能科技有限公司的支持。

工荒，远程遥控挖掘机作业今后一定能在日本得到普及和推广。"⊖

图 2-1　拓疆者远程遥控日本挖掘机

资料来源：企业提供。

　　在小野市测试三个月后，拓疆者陆续接到了来自日本和加拿大的多个远程遥控作业需求。这些需求让拓疆者创始人和 CEO 隋少龙很兴奋，"这证明了我们的工程机械劳动力云出海服务模式在海外市场很有吸引力"。不过，他也因此迎来了一个艰难的抉择，是应该积极呼应海外需求把战略重心放到海外云服务上，还是应该继续聚焦开拓国内市场，把战略重心放在其智能遥控产品的推广上？

拓疆者，隋少龙的第二次创业

　　拓疆者是一家专注于工程机械远程智能化操控产品研制的高科技公司，向在高危和恶劣作业环境下的工程机械施工需求方提

　　⊖　拓疆者，《成功"圈粉"日本客户　尽显拓疆者技术实力》。

供多场景、多品类、协同作业的智能施工解决方案。在中国市场，它已让100多台工程机械实现了远程施工。2022年底，它的营业收入预计将超过5 000万元。

拓疆者是隋少龙第二次创业的产物。此前，这位上海交通大学的本科生、斯坦福大学主修智能产品设计和机器人专业的硕士毕业生在中国创办了面向少儿的人工智能编程培训机构。尽管第一次创业以失败告终，但他的创业激情却一发不可收拾。就在他多方寻找下一个创业领域时，他的中欧创业营同学、二手工程机械交易平台铁甲网创始人樊建设，向他推荐了挖掘机。于是，他跑到挖掘机的施工现场，在那里，他不仅体验了尘土飞扬、噪声轰鸣，还了解到高危和恶劣施工环境所导致的操作手和设备的各种意外和突发事故，以及这个领域所面临的"招工难、用人难、成本高、效率低"等难题：挖掘机操作手年龄大都在四五十岁，年轻人大都抵触这个职业。

这些所见所闻，让隋少龙决定选择挖掘机作为其第二次创业的切入点，他希望通过对挖掘机进行远程智能操控，将操作手从危险环境中解放出来。而他之所以在2018年启动这个创业，是因为当年市场上出现了两个拐点。

第一，中国政府推出了多项政策，"狠抓"安全生产，"有效防范和坚决遏制"重特大事故。[一]由此，工程机械施工的安全问题一下子被提到前所未有的高度，施工需求方降低安全隐患的需求随之大量产生。

⊖　中国安全生产网，《如何抓好今年安全生产6项重点工作？》。

第二，发展至 2018 年，自动驾驶技术已有三四年历史，它不仅沉淀了音视频传输、人工智能感知、机器人规划控制等技术，还沉淀了相关人才。这些技术和人才正是隋少龙实现远程操控所必需的关键资源。

市场背景

挖掘机是工程机械中最大的品类，在中国市场的保有量已近 200 万台，而美国和日本的保有量各为 40 万台。受中国基础设施建设加速等因素的影响，从 2021 年到 2026 年，中国挖掘机市场规模年复合增长率预计将达到 9%。[一]

矿山和港口是挖掘机应用的两个主要场景。为了降低成本、提高效率，并解决作业人员安全性和人员青黄不接的问题，自 2016 年起，我国就在不断推进矿山智能化进程，2020 年初，《关于加快煤矿智能化发展的指导意见》颁布，推动智能采掘、卡车无人驾驶、煤矿机器人专项建设，到 2025 年，大型煤矿和灾害严重煤矿要基本实现智能化，形成煤矿智能化建设技术规范与标准体系。[二]与矿山类似，港口无人化、智能化升级也是大势所趋。"交通强国"已作为一个目标写进我国"十四五"规划中。

随着矿山和港口等应用场景智能化建设的不断推进，无人化工程机械陆续产生，比如全球工程机械的两强，美国卡特彼勒和日本

[一] 杜怡萱，《2022 年中国挖掘机行业市场规模及发展前景分析》。
[二] 澎湃新闻，《矿区无人驾驶 被低估的千亿市场》。

小松均在 2019 年分别推出了无人驾驶型液压挖掘机和采用 AI 操控的无人挖掘机。中国主流工程机械企业也推出了自己的无人驾驶产品和技术，有些设备已经出现在施工现场，比如，三一重工推出了无人驾驶宽体车、挖掘机、摊铺机、矿用自卸车等；徐工研制的无人驾驶集群施工技术[⊖]已应用到十多个省份的常态化施工中。

　　除此之外，老牌互联网企业百度也进入了这个领域，它跟拓疆者合作推出了无人驾驶挖掘机，同时，还推出了"盘古工程机械无人作业平台"。这个平台可以实现自主挖掘、卡车装载、一键挖沟、一键平坡等数字化自主作业，不仅能赋能挖掘机，还能赋能其他工程机械进行无人化作业，支持后装改造和前装生产。

　　尽管各种无人化产品陆续亮相，但无人化工程机械市场尚处在市场发展早期。这让拓疆者看到了机会。

拓疆之旅

从 0 到 1：拓疆者起死回生的开局

　　在 2018 年 11 月百度推出无人驾驶挖掘机时，隋少龙曾公开说："拓疆者在挖掘机自动驾驶方面做了很多前期技术积累，已完

⊖ 该工程机械集群采用梯队式作业，按照作业工艺流程分为一个摊铺梯队与初压、复压和终压三个碾压梯队，配置两台摊铺机、三台双钢轮压路机（初压）、三台胶轮压路机（复压）、一台双钢轮压路机（终压）。施工时，根据路面摊铺宽度、压路机身宽度、预留安全距离、车身错距、碾压遍数等参数，通过预选设定的算法程序和控制策略生成最优规划路径，实现对车辆行驶轨迹及运行状态的精确测试，并向机载控制系统输出控制指令，自主操控压路机，实现整个机群的无人作业。

全实现了挖掘机的机器人化与物联网化，在本次与百度的合作中，我们主要提供了挖掘机、挖掘臂的控制接口和机器人操作系统电控平台等。"

不久以后，拓疆者购置了一台挖掘机，将其改造成遥控挖掘机后开始对外提供远程遥控施工外包服务。他们雇用了一个操作手，让他坐在北京朝阳区的办公室里遥控 100 多公里之外的挖掘机进行施工，按所施工的立方量给付劳务费。"我们这个模式跟 SAAS[⊖]模式类似，SAAS 模式在当时被资本市场广泛认可。"拓疆者联合创始人胥明日说。

然而，这个模式运营大半年后的结果，就是隋少龙在 2019 年底将 20 人的团队缩为 4 人，因为其公司账上资金所剩无几。

他们反省总结，中国一个施工需求方，人力成本只占10% 左右，设备和油的成本才是大头，因此，帮施工需求方降低人力成本，对方是不买账的，对方宁愿要一个无人操作设备，那样既可以提高安全性，又可以大幅降低成本。[⊜]不仅如此，司机也不愿意每月少拿500 元坐在办公室里遥控设备，他们宁愿到现场忍受恶劣工作条件多赚钱。因此，施工外包服务模式在当时走不通。

实际上，在推销外包服务时，拓疆者也曾收到过相关的市场

　⊖　Software as a Service，软件即服务，通过网络提供软件服务。

　⊜　比如国家电网要挖支撑电线的电塔基坑，用有人设备去挖，风险等级就是二级，用无人设备，则为三级。国家电网找三级资质的施工方就比找二级资质的施工方成本低很多。

信号，不少企业只对他们的遥控产品感兴趣，但他们执意要做外包，拒绝将产品卖给企业。他们当时的底气还来自资本市场，因为当时的资本市场也支持这种类 SAAS 模式，认为卖无人操作设备的模式已过时了。然而，市场又一次教育了他们。

就在四个人苦苦支撑时，2019 年底他们在一个行业展会上再次遇到对其所展示产品感兴趣的挖掘机厂商，求生的欲望让他们放弃执念并开始尝试销售产品。对于第一套无人操作产品，他们并不知道应该卖多少钱，试探性报价后，客户并无过多砍价，基本上接受了拓疆者的产品报价。如此，第一单产品销售过程让他们看到了希望，也让隋少龙后悔之前的执念以及由此导致的大裁员："我们之前太专注于跟投资人交流了。然而，投资人感兴趣的模式不一定是客户喜欢的模式。"

就在他们经历裁员痛苦时，一家国内媒体 36Kr 在 2019 年底发表了一篇当年 9 月对拓疆者的采访报道，着重介绍了其施工外包服务模式。这篇报道引发了海内外媒体的关注。在拓疆者交易了第一单后，2020 年 5 月，徐州徐工矿业机械有限公司（简称"徐工"）找上门来。来访之前，徐工已拜访了包括研究院、大学和远程遥控公司在内的 12 家机构，均未获得理想的解决方案。在试操控了拓疆者挖掘机并交流了相关场景解决方案后，徐工和拓疆者签订了一个大订单，同时邀请拓疆者做前装供应商。

与徐工的合作，让拓疆者了解到智能遥控产品的市场潜力。此后，他们又获得了一轮融资。于是，他们通过电话召回了被裁掉的员工，启动了产品输出的旅程。

从 0 到 1：从服务模式到产品模式

拓疆者的产品由基础远程遥控系统和智能化功能模块两部分构成（见图 2-2）。

基础远程遥控系统包括传感器和机器人大脑以及操控台，其中传感器和机器人大脑被装在挖掘机、装载机等工程机械上[⊖]，通过网络跟操控台相连，在拓疆者的中心遥控系统上实现远程操控；智能化功能模块是为了让不同工程机械在不同场景下能安全高效使用而研发的选配产品，"这是我们对不同施工场景不断深入了解的产物。"隋少龙说，"'能动'不是我们智能遥控工程机械的目的，'能用''好用'才是我们致力追求的。我们希望操作手远程操控能够像一个经验丰富的老操作手坐在车上操控一样高效，甚至更高效。"

图 2-2a　拓疆者产品示意图

⊖　挖掘机是拓疆者实现智能遥控的第一类产品，此后它们还陆续对电铲、装载机等其他 13 个工程机械实现了智能遥控，这些工程机械的基础远程遥控系统差别不大，主要区别在智能化功能模块部分。

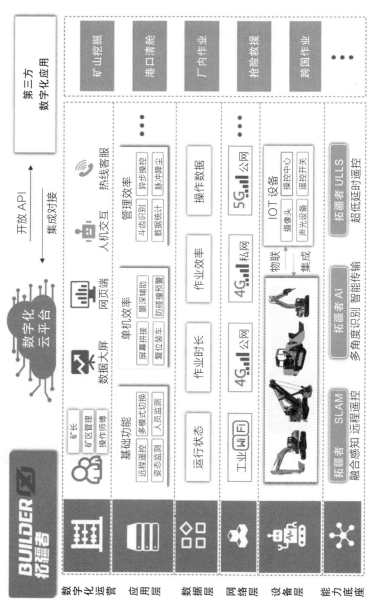

图 2-2b 拓疆者技术架构图

资料来源：企业提供。

　　基础远程遥控系统最初是由隋少龙带领团队在一个 1∶14 的挖掘机模型上开发出来的（见图 2-3），当他们把这套系统移植到真挖掘机上后，却被请来测试的老操作手评价为"垃圾"。不过这样的评价却激起了他们"将操作手经验沉淀成代码"的决心。他们将这位老操作手聘为雇员请进办公室，这样研发人员可以随时询问他的驾驶体验，找出问题、修改问题、再请他测试、再找问题……经过如此循环"死磕"问题，他们不断完善系统。2019 年 4 月，他们的系统支撑老操作手在北京遥控了 2 500 公里之外的海南挖掘机。任务完成后，这个操作手评价："实现了驾驶真机 80% 的功能。"

图 2-3　最早的模型机

资料来源：企业提供。

　　与老操作手相伴的研发经历，让拓疆者团队养成了习惯，每

到一个施工现场，他们总是去跟操作手们讨教经验（见图 2-4），
由此，他们积累并沉淀了在独特场景施工的经验知识。比如，他
们本来跟大部分主机厂一样，认为挖掘机斗齿是易耗品，脱落了
就换新的，几千元而已，不需要对斗齿脱落进行特别关注，然而
矿石运输的老师傅告诉他们，斗齿脱落的部分会随着矿石运到粉
碎机里，将粉碎机卡坏，从而导致整条生产线停工。一个矿大多
只有三条生产线，一条线停产，矿上就会损失 1/3 的产能。了解
到这个情况后，拓疆者开发了斗齿健康预警系统，通过系统对斗
齿进行实时监控，在斗齿到达脱落临界点之前，及时更换斗齿。

图 2-4　隋少龙（左一）跟操作手讨教

资料来源：企业提供。

一线是拓疆者开发功能模块的思路源头，他们在这里捕捉到
痛点或获得需求后，再去找当地的高层管理者反馈一线信息，从
而争取到高层对所开发功能模块的认可并买单。

定位于产品供应商后，拓疆者将其基础远程遥控系统定价为跟竞争对手相同，约 30 万元 / 套，而智能化功能模块的定价则按需定制，比如，矿上安装一套挖掘机斗齿监测系统需要投资 26 万元，那么，拓疆者的斗齿健康预警系统定价就远低于矿上原有投资成本，"开发这个系统，只需要增加一个对斗齿图像的分析步骤，没有增加额外的交付成本。"隋少龙解释道。而对于其他那些没有对标物的创新功能模块，他们就"按其所创造的独特价值进行适当定价"。

比如，其自动复位装车模块不仅能让远程驾驶员单斗挖转循环耗时小于 20 秒，还能杜绝卡车装料装偏导致的侧翻隐患，防止驾驶员甩料过高造成的溅石砸坏挖掘机玻璃，从而产生的维修和误工费用，还能消除挖斗和卡车之间的碰撞风险，让驾驶员可以便捷高效准确地完成装车旋转和卸料动作。"这个功能降低了驾驶员的操作复杂度，因此，一个新手培养一个月就能上岗，而之前新手跟师傅学三年也未必能达标。"隋少龙说。基于这样的价值，他们将这个产品的价格定在每套 10 万元左右。

拓疆者 80% 的利润来自诸如此类的智能化功能模块。向客户销售产品时，拓疆者一般先推销其基础远程遥控系统，等客户用起来后，再根据现场情况向客户推销智能化功能模块，另外，他们还会定期为销售给客户的系统进行远程升级。

从 0 到 1：营销和客户获取

尽管拓疆者头两单产品都是卖给了挖掘机厂商（或称：主机

厂），但是隋少龙认为他们的目标客户不是这些厂商，而是利用工程机械进行施工的需求方，比如煤矿企业和港口企业等，只有它们产生使用遥控设备的需求，主机厂才会来购买拓疆者的产品。

隋少龙很感激这些主机厂，"靠我们自己是敲不开客户门的。当触达客户后，我们就会尽力凭借专业产品和服务赢得客户信任，从而让客户从需求端驱动主机厂去采购拓疆者的产品。"隋少龙描绘了这样一条产品营销路径，不仅如此，他们还希望影响客户对已有设备进行改造，由此，他们就可以进入后装市场。

比如，他们帮助太原重型机械集团有限公司（简称"太重"）解决了某露天煤矿的一个电铲远程遥控施工问题后，得到了该矿矿长的赞赏，之后该煤矿电铲以外的设备遥控系统全部改用为拓疆者的。由此，拓疆者不仅获得了前装订单，又获得了后装订单。

诸如此类的成功案例，让拓疆者的好名声在行业里传播开来，他们由此吸引了其他终端客户。当然，除了慕名而来的以外，不少客户是通过百度搜索来的。拓疆者在百度购买了一些关键词，比如"远程挖掘机""智能挖掘机"。

"我们之前也尝试过主动拓展客户，并发展代理商，但因为我们的产品形式太新，而且技术复杂度高，所以，教育客户和代理商的成本太高。改为关键词营销后，找上门来的客户是对远程遥控有一定认知的，沟通起来就顺畅很多。"隋少龙说。

由于工程机械施工场景和需求差别很大，因此拓疆者已有产品不一定能满足所有前来询盘的客户。对于不能满足的，拓疆者会如实告知对方："这个活儿之前没做过，也不敢保证一定能干好，但我们会努力解决问题。"

"我们是想尽可能帮客户解决问题，但又怕被客户的非标准化需求拽着跑。"隋少龙说，因此，客户提出新需求时，他们会跑到其他同类客户那里去打听一下，这是不是共性需求，如果是，就开发出功能模块，否则就拒绝。

在参与客户或主机厂招标时，拓疆者从不进行价格战，"B 端客户和 C 端客户不同，B 端客户更重视产品功能和可靠性"。有过两次创业经历的隋少龙对此深有体会。在一次主机厂遥控产品招标中（最低价中标），拓疆者因其价格排倒数第二而被淘汰，但他们没有认输而是马上找到主机厂的技术部门，将自己以往的成功案例铺在技术负责人面前，同时，出示了一个详细的施工现场问题和解决方案列表。技术负责人很快明白了施工的复杂性，他拿这个列表去问中标者能否解决这些问题，在得到否定的回答后，主机厂选择了拓疆者。

跨国远程服务

跨国远程服务是隋少龙选择挖掘机创业的一个动因。他了解到在美国、澳大利亚等经济发达市场，挖掘机司机的年薪高达 10 万美元，比当地的技术开发工程师都高，但这个职业仍然招不到人，因此，他想从中国向发达市场提供远程遥控工程机械施工服务，让中国工程机械劳动力"云出海"，以赚取劳动力价差的利润。他最初选中了美国市场，也得到了美国施工方的认可，但中美贸易摩擦搁浅了他的行动。

36Kr的那篇报道为隋少龙引来了日本客户。那篇报道发表后，日本多家媒体相继转载，随后，他迎来了多个日本客户的合作垂询。

日本人口老龄化严重，劳动力短缺，到2024年，日本建筑业从业人员缺口将达到110万人，其人力成本已占施工成本的50%以上。⊖从国外引入专业劳动力曾经是日本解决问题的主要途径，然而当时全球新冠疫情反复无常，让这个途径很难奏效。

而日本的施工需求一直强劲，地震、海啸的频发，让日本灾后重建需要大量使用工程机械；同时，日本在20世纪七八十年代经济大发展时建造的大量基础设施也已超过使用寿命，亟待重建。

建筑业的这种日益突出的供需矛盾，让日本客户对施工外包服务特别感兴趣。于是，拓疆者选择了一个日本客户，开始了尝试性合作。

拓疆者成立了由技术骨干组成的项目组。项目组基于跨国通信条件限制、日本当地施工场景特点等，对其远程智能化系统进行了诸如调整摄像头布局方案、优化网络传输协议等一系列升级。升级后的系统运用了诸多科技手段以确保操作人员可以基于两国4G网络通信，在传统人工控制和远程操作控制两种模式之间自由切换，远程遥控挖掘机进行不同场景作业，同时，还能保障设备的稳定性及安全性。

由于当时疫情的限制，升级后的系统无法由拓疆者亲自赴日进行安装，于是双方决定先由拓疆者为日方寄去外置传感器、智

⊖ 婷婷，《跨国改装日本挖掘机 看拓疆者如何"搞事"》，铁甲工程机械网。

控中心和高精度电液控制中心三大设备端改装套件，再由拓疆者远程指导客户进行安装。

当整个安装过程顺利结束后，日本客户评价道："远程安装能如此顺利，表明拓疆者的产品模块十分成熟，适配度很高。"

在遥控操作当天，拓疆者在北京不仅远程遥控了诸多精细动作，还与日本挖掘机司机进行了一场挖掘机"绕 S 弯道"技艺比赛，结果显示，远程遥控挖掘机的成绩为 8 分 9 秒，而由日本挖掘机司机操作的挖掘机的成绩为 8 分 49 秒。在相距 1 700 公里的遥控作业中，拓疆者的系统闭环延时为 170 毫秒，即北京司机操作一下，170 毫秒后日本的机器就会采取行动，"人眼眨动一下的时间大约为 200 毫秒，因此，常规情况下人类是无法感知 170 毫秒延时的。"隋明日说，"大部分网络摄像头方案都是通过 5G 网络来降低延时，但跨国遥控只能通过 4G 公网，因此，我们不得不通过技术将摄像头数据读取、视频编码压缩和解码及显示部分延时降低至 60 毫秒，美国硅谷顶尖的自动驾驶公司 Nuro Inc. 的编解码延时也仅为 55 毫秒。"

对于日本客户，拓疆者的服务收费或是按所施工的立方量来结算，或者按人工结算。由于中日两地劳动力成本有近 10 倍的差价，因此，拓疆者既能帮日本客户降低劳动力成本，又能获得不菲的利润。比如日本一个劳动力月薪约为 4 万～ 5 万元，那么拓疆者按一个人 25 000 元收费，就可以为对方降低一半的成本，而拓疆者在国内招一个操作手只要 5 000 元，而且他们并不需要很熟练的操作手，新手培训一个月就能上岗。

尽管截至 2022 年 6 月底，拓疆者尚没有从日本项目中获得规模收入，但这个项目的影响力已经波及北美，拓疆者由此接到了加拿大客户的订单。

核心竞争力和挑战

按照隋少龙的描述，拓疆者打造核心竞争力的方向，就是推动"人工"和"智能"相互作用形成飞轮效应。

这里的"人工"是指拓疆者人工遥控的工程机械设备，"智能"则是指其提高遥控的真机驾驶体验所需的智能系统和智能功能模块。

正在遥控的 100 多台工程机械设备，是推动拓疆者飞轮转动的力量来源。凭借着 100 多台遥控设备，拓疆者已走到了行业的前列。

行业内做智能遥控工程机械设备的主力是主机厂，但主机厂在这个领域大都是"雷声大雨点小"，真正投入应用的设备很少。"工程机械行业头部企业之间的竞争很激烈，因此，它们的注意力主要放在抢占市场上，而智能遥控对它们来说是一个微不足道的小市场，很难引起它们的兴趣。不仅如此，做智能遥控需要很强的数字和智能技术，这对于传统厂商来说，也是一个不低的门槛。"隋少龙解释道。

行业外的科技公司虽然擅长新技术，但少有能扎进行业内做出既能动又能用的遥控设备。

拓疆者还在不断扩大其遥控设备的数量。隋少龙说，这样做的意义，一是在于跑马圈地，"我们遥控了这台设备，竞争对手就没有了机会。"二是能获得数据，数据不仅能传递功能需求信息，还能驱动功能模块的开发。"数据越多，我们就能开发更多的功能模块，或者让已有模块得到更好的优化。而更多优化的模块不仅能让我们获得更多利润，还能提升我们产品的智能化比例和遥控体验，从而吸引更多客户并获得更多操控设备，产生更多数据，最终形成飞轮效应。"

因此，数据被隋少龙认为将是拓疆者最强有力的核心竞争力，"竞争对手可以模仿我们的产品，但缺乏大量数据去训练模型，其产品也是中看不中用的"。

即使拓疆者的数据量在不断扩大，隋少龙仍然在为其智能产品担忧："我们所开发的一些功能模块是不是真的有用？是否能真正解决客户实际问题？"

截至 2022 年 6 月底，拓疆者已能遥控 14 种工程机械，同时，他们正在从矿山、港口向垃圾场、隧道等场景延伸。因此，隋少龙也不得不思考，在这样的扩张中，拓疆者如何才能保证具有足够强大的进入壁垒呢？

实际上，摆在他面前的难题还不仅于此，海外的订单正在不断向他涌来，他不做，竞争对手就有可能去做，他是否应该积极回应这些订单呢？如果要做，那么，他的团队就要同时运营两种不同的商业模式，团队能胜任吗？面对国内国外双线不同模式同时作战时，他接下来的战略重点该放在哪里？如果对海外客户持不积极态度，那么，他是否会丢失海外市场？

CHAPTER 3

第 3 章

快仓智能
AMR 行业全球独角兽的成长之路[⊖]

  2022 年春节后开工的第一天清晨，上海快仓智能科技有限公司（简称"快仓"）创始人杨威像往常一样，开始了五公里的晨跑。这是他决定放弃自行车职业选手生涯后新养成的运动习惯。"跟自己较劲儿挺好的，只要坚持，只要对自己够狠，没有什么事情是干不下去的。"杨威就是这样一个人，性格坚韧、勇于挑战。正是在他的领导下，快仓从 2014 年由 3 个人组建的一家小公司成长为现在累计销量超过 2.2 万台，年增长率高达 200% ～ 300% 的移动机器人行业全球独角兽。

  随着全球人力成本持续上涨，越来越多的工厂、仓库开始使

⊖ 本案例作者为中欧国际工商学院张宇教授，案例研究员李小轩（于 2022 年 5 月共同撰写，数据截至 2022 年 5 月）。在写作过程中得到了上海快仓智能科技有限公司的支持。

用机器人搬运、拣选、分拣。在此背景下，移动机器人的需求高速增长，技术以及产业链不断发展成熟，移动机器人这条细分赛道也顺理成章地成了市场上的"香饽饽"。快仓是国内首批进入移动机器人赛道的企业。从第一代自动导引车（Automated Guided Vehicle，AGV）到第三代自主移动机器人（Autonomous Mobile Robot，AMR），从潜伏式机器人到"手脚并用"的复合式机器人，从最初的 1.0 系统到"智慧大脑"级 EVO 系统（机器人集群操作系统），从风靡一时的"货架到人"到"密集存储 + 货到人拣选"的集成应用，多年来快仓一直行走在技术创新、产品创新的路上，如今已经成长为移动机器人行业的全球独角兽公司。

随着业务量快速攀升，快仓迎来了项目交付能力的巨大考验。如何精耕技术、扩大产能；如何围绕整体交付效率提升这一战略目标多维度发力，实现电商、流通、制造的全场景应用；如何加强全球化布局以提高中国 AMR 企业在国际市场的知名度，实现持续的高速成长……杨威一边跑步，一边努力思考着。

快仓发展历程

创始人杨威背景

杨威毕业于北京大学计算机系，是国内最早一批做机器学习、数据挖掘、算法运筹的大学生之一。当时他所学的专业名称叫自然语言处理（Natural Language Processing，NLP），也就是后来的"人工智能"的一个子领域。大学毕业后，杨威凭借着浓

厚的家国情怀加入了上海振华重工（集团）股份有限公司（以下
简称"振华重工"）。振华重工成立于 1992 年，是全国也是世界
上最大的重型装备制造厂，拥有 26 艘 6 万～ 10 万吨级整机运输
船，可将大型产品跨海越洋运往全世界。但是二十年前，振华重
工还没有现在的成就，技术上也面临着很多挑战。

"当扎深海油井时，一方面没办法下锚，一方面又需要钻井平
台漂在海上不能动，这就要用遍布在平台周围的螺旋桨做回馈控
制保证平台的稳定性。但是当时，这个技术中国做不出来，这意
味着南海所有的油井都扎不了，但别人可以扎，我们无法阻拦。"

怀揣着满腔的报国情怀，杨威先后参与了深海油井钻井平台
的动力定位（Dynamic Positioning，DP）系统研发和自动化码
头建设。经过三年的努力，杨威参与的项目组小有成就，做出了
国内前三个自动化码头，公司的这个项目全球市占率达 92%。

学业与工作先后取得成绩的同时，杨威在自行车骑行圈里也
小有名气。2011 年的一次 150 公里的冬训不仅让他突破了身体的
极限，更磨炼了他的心智，让他拥有了极致的毅力与坚韧。这段
经历成了日后促使他放弃国企的稳定工作、投身创业的一个重要
诱因。

时代背景

2012 年 3 月 20 日，美国最大的电商公司亚马逊以 7.75 亿
美元的价格收购了总部位于马萨诸塞州的移动机器人制造商 Kiva
Systems Inc（以下简称"Kiva"），通过引进机器人技术加强配

送中心的自动化，从而提高效率、扩大业务规模。Kiva 的成功不仅让各大电商看到了机器人对仓储管理的重要性，也让杨威等熟悉自动化、人工智能技术的年轻人看到了移动机器人这一领域未来发展的潜力，他们暗暗立下目标，争做中国的 Kiva。

　　彼时，中国的电商产业从绝对体量上来讲已经远超美国，发展速度也比美国快，已然形成不可逆的大趋势。然而，随着中国人口出生率和新生劳动力的不断下降，企业用工成本不断攀升，从事低端服务行业的人数也在减少。与此同时，人民群众的消费需求和对优质服务的渴望却在不断上升。这种消费能力与服务能力的矛盾便成了商业发展的一个基础矛盾，在这个大背景下，用机器取代人是大势所趋。

从 0 到 1

　　然而，十年前的国内移动机器人赛道，还是投资人尚未投入过多关注的市场。在这个全新的行业里，既缺乏知识体系的储备，又缺乏人才模型的构建。不仅如此，还找不到合适的零配件、没有合适的应用场景、没有客户用过的相关方案，更没地方去学。在这种创业维艰的情况下，杨威组建了自己的小团队。从 2013年开始，三个合伙人就聚集在从上海宝山区一家企业借来的小仓库里，围着一张隔板，鼓捣起了原型机，并利用业余时间进行调试与预演。为了接下来的公司组建与运营，杨威又回到母校报读商业知识培养的课程继续充电。

　　2014 年，首台快仓机器人研发成功并在 2 000 平方米的仓库里进行测试运行。同年 3 月，杨威拿到了第一笔 1 000 万元的天使轮投资，快仓在上海正式成立，专门做移动机器人以及集群操作系统。2015 年 10 月，百世集团董事长周韶宁来快仓参访，他不仅看重智能仓储的价值，也看重快仓这一帮踏踏实实做事的年轻人。正如杨威所说："移动机器人赛道，只有长期主义才能到达彼岸。"就这样，快仓完成了 3 000 万元 A 轮融资。同年底，快仓接到了目标客户——电商（唯品会）的订单，实现了公司第一笔大规模、纯商业化的业务订单。正是唯品会 5 000 平方米的仓库给了杨威及所有人继续坚持下去的信心和动力。基于唯品会的项目，快仓不断打磨产品、提升电商解决方案的应用能力和设备迭代。2016 年 10 月，第二代快仓机器人正式交付使用。

2017 年 3 月，快仓完成约 2 亿元的 B 轮融资，此轮的投资方为菜鸟网络和软银中国。此轮融资过后，快仓创造了移动机器人行业单笔最高融资纪录。根据交通运输部和菜鸟网络等共同发布的《2017 中国智慧物流大数据发展报告》显示，2016 年全年社会物流总额达到 230 万亿元。而国家统计局公布的数据显示，2016 年网络零售额达到 51 556 亿元，同比增长 26.2%，快递包裹量增长超过 50%，电商成了社会化物流的重要组成部分。[⊖]快仓的大数据分析平台显示，传统仓库中分拣人员处理订单的人效约为 150 单 / 天，在使用了快仓机器人后，订单处理能力可提升至 350 单 / 天。菜鸟网络通过投资快仓，将移动机器人纳入菜鸟网络生态之中，为菜鸟联盟体系内所有仓储平台接入高效人工智

⊖ 中商产业研究院，《2016 年网络零售市场分析：零售额同比增长 26.2%》。

能管理方式奠定基础，进而激活了仓储环节的分拣效率，全线提高了其生态体系的物流效率和品质。

2018 年的"双十一"，快仓和阿里共同创造了亚洲首个"单仓千台级"纪录，上千台移动机器人在一个仓库里同时跑，这不仅是快仓的一个重要里程碑，也是当时阿里电商的巅峰时刻。杨威带领当时将近 200 人的团队用坚持不懈的努力实现了行业的从 0 到 1，证明了中国企业也能做出媲美 Kiva 的移动机器人和"智慧大脑"级的集群操作系统。

策略转型

2018 年"双十一"过后，中美之间的贸易摩擦开始出现，中国电商进入全面收缩期。面对电商平台大规模的收缩，一开始定位的战略级客户和战略级应用市场均受到了很大的挑战。但快仓团队迅速做出了战略调整，尝试摆脱对电商行业的过度依赖，开始转向多元化的客户构成，进入鞋服、医药、电子、汽车等不同行业。2018 年快仓陆续接触了华为、上汽的仓储业务。通过做上汽的项目，把零部件从仓库运到产线，快仓第一次接触了工厂内部的智能物流。这次接触使杨威意识到移动机器人不仅可以应用于电商场景，在制造、流通场景也大有可为（参见图 3-1）。"这个全新产业的天花板不只是一个亿级市场，而会是一个千亿级市场，甚至更大。"正是基于对移动机器人价值的颠覆性认知，杨威最终决定放弃"做中国版 Kiva"的最初目标，没有把公司卖给菜鸟，而是继续独立闯下去。

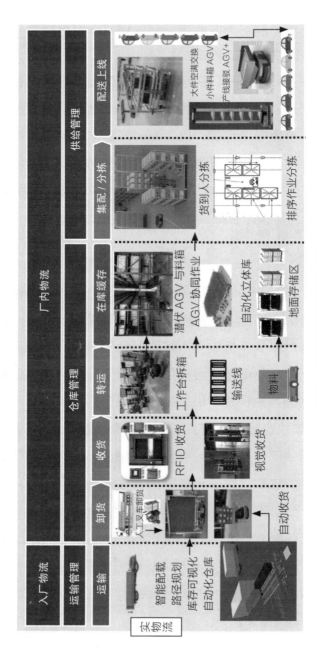

图 3-1 快仓机器人整体解决方案

资料来源：企业提供。

于是，2018 年以后，杨威重塑了公司的使命与愿景，由初创时的"赋予仓库灵魂"转变为"四面墙内智能驾驶，让人类不再搬运"。公司业务从服务电商扩展到服务全场景，不同的客户类型、不同的产品形态、不同的应用场景，这些都对整个软件系统、服务能力、团队对业务层的理解、组织效率提出了全新的挑战。当时公司人数已超过 300 人。这是杨威创业以来第一次感觉到非常痛苦的阶段，需要不断地突破自己和团队的天花板。

2019 年，快仓发布了第三代移动机器人和"智慧大脑"级操作系统 EVO，引领移动机器人行业进入了高度智能化的 3.0 时代。同年，杨威带领团队分别参加了北美物流展、德国物流展等国际大型展会。从中他们发现移动机器人不仅仅在中国有市场，事实上它还是一个全球性的产品。虽然快仓当时还是年轻企业，但在供应链、应用场景、应用市场、资本储备、人才储备（全序列的工程师）等方面已经具备了成为世界级公司的必要条件，在新赛道上拥有相当领先的地位。

2020 年，快仓研发了一款"手脚并用"的复合式机器人，可以快速部署在工厂、仓库等各种空间内的生产物流、仓储物流环节，能够替代多个人力完成上下料、搬运等作业。同年 11 月，快仓发布全球首创的 QuickBin 解决方案。12 月，快仓完成近 10 亿元人民币的 C+ 轮融资（参见表 3-1）。

表 3-1 快仓大事记

年份	主要事件
2014 年	公司成立，完成天使轮融资
2015 年	完成 A 轮融资，首个标杆电商项目唯品会上线

（续）

年份	主要事件
2016 年	第二代移动机器人正式交付使用
2017 年	完成 B 轮融资，首个海外项目在东南亚上线
2018 年	菜鸟无锡仓上线并创造亚洲首个"单仓千台级"记录
2019 年	完成 C 轮融资，第三代自主移动机器人正式发布，通过德国莱茵全指令 CE 认证，携手华为发布 Wi-Fi 6 解决方案
2020 年	完成 C+ 轮融资，与凯傲集团达成全球战略合作，设立"AMR+"产品线并推出十几款机器人，推出 QuickBin 解决方案，快仓全球智能机器人产业基地正式开工

资料来源：企业提供。

2021 年，快仓一方面通过建立智能驾驶组，使所有机型向自主移动机器人（AMR）升级。其中，自动化状态的电机、导航定位系统、机械原理和整个机器人研发的方法论都支撑了公司做出更智能、更丰富的机器人形态。同时，根据不同的客户要求，分别设置不同的机型（200 公斤、500 公斤、600 公斤、1 吨、1.5 吨、2 吨），建立了整个产品序列和产品矩阵。另一方面，建立了海外团队（截至 2022 年初已有 60 ~ 70 人）。海外团队效率很高，且单张订单的规模是国内的 5 倍，单个销售的产出也是国内的 5 倍，利润率达到国内的 2 倍，逐步用事实验证了"国内练兵、海外赚钱"的策略模型。

AGV/AMR 行业基本情况

主要发展过程

自 1953 年第一台 AGV 问世以来，AGV 就被定义为在智能物流中扮演重要角色的"移动机器人"。它们由计算机控制，装有电磁或光学等自动导引装置，可以进行非接触式导引，能沿规划路径行驶，自动避开障碍物安全驶向指定目标，取货、搬运、堆货一气呵成，实现完全无人操控。作为物流搬运装备中自动化水平最高的产品，AGV 越来越多地应用于制造、仓储、医疗等多个行业领域。

　　随后，Kiva 引领了大规模的移动机器人集群，使得机器人部署成本降低、运动控制更准确。整个 AGV 集群在一个高度算法化的中控大脑下工作。一套非常复杂的中控大脑参与决策需要很强的群体智能能力。一旦有了群体智能作为中控系统，就需要接受任务。所以，在群体智能和任务的衔接过程中，软件工程就变得至关重要了。

　　随着传感器和人工智能技术的发展，人们开始为轮式移动设备引入越来越多的传感器和智能算法，不断增强其环境感知和灵活运动的能力，逐渐发展出新一代自主移动机器人 AMR。AMR 是在传统 AGV 之后发展起来的新一代具有智能感知、自主移动能力的机器人技术（见图 3-2）。AMR 融合多种传感器（激光雷达、深度摄像头模组、超声波等），具备深度感知能力，本身具备强大的计算能力，才能够保障在人机协同的场景中安全灵活地运行，就像无人驾驶汽车一样。AMR 通常会先扫描一遍应用场景，即可在"大脑"里构建出一张地图，然后基于环境地图定位和导航，在行驶的过程中感知周围各种动态复杂的障碍物，主动基于实景规划路径，并主动避让各类障碍物，以保证安全、高效地到达指定目标地点。

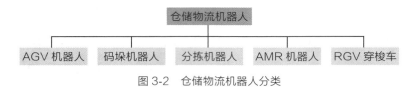

图 3-2　仓储物流机器人分类

资料来源：机器人在线，比 AGV 先进的 AMR 牛在哪？谁才是仓储物流的未来？

通过不断地打磨产品、迭代技术，移动机器人赛道逐渐有了清晰的未来，开始向外界释放其广阔的想象力。

"未来，每个智能仓库都会像一个有智能交通系统的智慧城市一样。仓库里的每条巷道相当于城市的车道，叉车相当于大卡车，料箱机器人相当于小巴士，快递分拣机器人运载力最小但速度最快，就相当于小汽车。巷道的通行能力是道路的信号灯，每一台车、每一个机器人都是自动驾驶，它们的信息协同由智慧城市的中控系统来完成。"

据《2021 年度中国工业应用移动机器人（AGV/AMR）产业发展研究报告》显示，2021 年度，中国市场企业整体销售工业应用移动机器人（AGV/AMR）72 000 台，较 2020 年增长 75.61%，市场销售额达到 126 亿元（海外销售 25 亿元），同比增长 64%。其中营收超亿元的企业达到 36 家，同比增长 50%（见图 3-3）。[⊖]

⊖　新战略移动机器人，《2021 年中国工业应用移动机器人销量 72000 台，销售额达 126 亿元》。

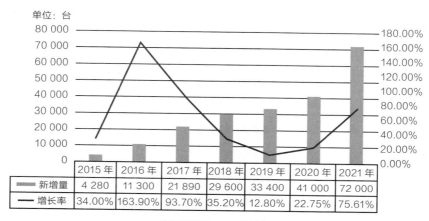

	2015 年	2016 年	2017 年	2018 年	2019 年	2020 年	2021 年
新增量	4 280	11 300	21 890	29 600	33 400	41 000	72 000
增长率	34.00%	163.90%	93.70%	35.20%	12.80%	22.75%	75.61%

市场新增量　增长率

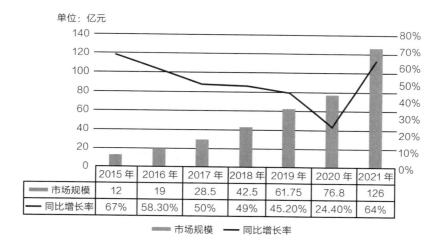

	2015 年	2016 年	2017 年	2018 年	2019 年	2020 年	2021 年
市场规模	12	19	28.5	42.5	61.75	76.8	126
同比增长率	67%	58.30%	50%	49%	45.20%	24.40%	64%

市场规模　同比增长率

图 3-3　2015 ～ 2021 年中国工业应用移动机器人（AGV/AMR）市场数据

Kiva：行业先发者

2003 年创始人米克·芒茨（Mick Mountz）成立 Kiva，致力于研发一款仓储机器人来取代零售商仓库中的传输带和转盘，让仓储工作更加灵活高效。简单来讲，使用 Kiva 机器人做分拣工作大概分为五个步骤：拣选、位移（包括拣选期间的位移，和拣选完成后包装台的位移）、二次分拣、复核包装、按流向分拣。

2009 年，Quiet Logistics 物流公司成为 Kiva 第一个客户。Kiva 开发的橘色机器人能整理仓库，抓取并移动货架和货品，实现拣选和包装过程的自动化。这项技术能直接将货物送到员工面前，员工可以迅速对货物进行包装并发货，实现工作效率的提升。同时，Kiva 的技术有助于零售商加快执行订单的速度，减少员工工作量。包括 Gap、Staples 和 Crate & Barrel 在内的零售商都先后开始使用 Kiva 的技术。[一]

2012 年 3 月，亚马逊以 7.75 亿美元收购了 Kiva。接下来的两三年里，亚马逊开始在各个仓库大规模部署 Kiva。2013 年的财务报告显示，Kiva 机器人帮助亚马逊在仓库分拣环节中每年节省约 9 亿美元。同时，亚马逊普通订单的交付成本（3.50 ~ 3.75 美元）也降低了 20% ~ 40%。[二]

2015 年，Kiva 被重新命名为 Amazon Robotics，为仓库和物流公司进行创新。Amazon Robotics 最终负责使用其 AI 技术来自动化所有集线器的操作。这些机器人具有避免相互碰撞的传感器，并由位于地面的条形码引导。随后还开发了一种可装载

[一] 黄满婷，《盘点国外十大仓储机器人企业》，新战略移动机器人。

[二] 赵青晖，《Kiva System：仓储机器人百亿美元市场是如何被撬开的》，雷锋网。

重量超过 1 300 公斤托盘的模型。[⊖]

国内同行极智嘉

北京极智嘉科技股份有限公司（Geek+）（以下简称"极智嘉"）是一家快速发展的"机器人互联网＋"公司，以智能物流为切入点，利用大数据、云计算和人工智能技术，专注打造极具智能的机器人产品。2021 年极智嘉订单额超过 20 亿元，为全球超 500 家大客户提供创新解决方案与服务，成为第一梯队龙头企业实力领跑智慧物流行业。[⊜]

极智嘉的主要产品有智能机器人拣选系统（Geek Picking System）。该系统通过移动机器人搬运货架实现"货到人"拣选。这种"货到人"拣选模式集成了先进的软硬件技术，拣选人员只需根据显示屏和播种墙电子标签的提示，从指定货位拣取相应数量的商品放入订单箱即可，打破了对照订单去货位找货的"人到货"模式，而且相对于传统自动化系统具有风险低、回报快、柔性高等特点。智能机器人拣选系统已在天猫超市、唯品会等国内多家主流电商的仓库实现商用。[⊜]

国内竞争格局

伴随着行业的发展，近几年进入工业移动机器人这一领域的

⊖　科技领域创作者，《亚马逊帝国的 7 个版图》，红色星际媒体。

⊜　国际在线官方账号，《极智嘉的 2021：订单额超过 20 亿，龙头初显》，国际在线。

⊜　蓝鲸财经，《极智嘉发力智慧物流解决方案》，金融界。

企业越来越多，这其中有以 AMR 切入市场的新企业，如迦智科技、优艾智合等，也有从传统 AGV 和仓储机器人领域切入"新赛道"的企业，如极智嘉、新松机器人等。

从区域上来看，我国工业应用移动机器人（AGV/AMR）主要集中在长三角和珠三角经济圈，这也符合我国的经济发展现状，这两大地区集中了我国主要的制造业和服务业，制造资源相对充足，产业链配套较为完善，部分重点企业已开始全国布局。据统计，在这两个区域整个 AGV/AMR 机器人产业链相关企业超过 600 家，其中，主营产品为工业应用移动机器人（AGV/AMR）的本体企业约为 220 家，主要集中在杭州、上海、苏州、深圳、北京、合肥、广州等城市，主要分布于东部沿海地区。[⊖]

在移动机器人方面，国内竞争格局已定，具有明显的梯队分化特征。首先是由极智嘉、快仓、海康机器人组成的第一梯队，一个重要特征是万台级出货量，其次是以艾瑞思机器人、马路创新、牧星智能为主的第二梯队，最后是由一些创业公司或者传统 AGV 公司组成的第三梯队。当前第一梯队的企业已经占据了 50% 以上的市场份额，在行业应用和出货量方面，已经和第二梯队的企业拉开明显差距。大多数移动机器人公司通过和电商企业直接合作进行对接，这种对接合作主要包括以下三种方式：第一种是侧重和具体的公司合作，针对该公司业务，制订相应解决方案；第二种是在加强合作和产业落地的同时又相对保持

⊖ 移动机器人产业联盟，《2021 年度中国 AGV/AMR 产业发展报告正式发布》，罗戈网。

独立性；第三种则是不和电商资源对接，做独立的移动机器人品牌。[⊖]

快仓的战略与布局

基本运营情况

仓库的主要成本包括人工成本、仓租成本、物料成本和管理成本。与人工仓相比，机器人仓可以提高仓储密度、节省仓储空间、提高人效，降低人工成本与管理成本。截至 2022 年初，快仓拥有近 400 个研发工程师，他们平均 60% ~ 70% 的工时都在做内部研发项目、技术创新。根据公司整体的战略部署要求，每年可申请大约 200 个专利。

在实际业务中，快仓主要提供的是通用型产品或解决方案，合作伙伴（集成商）则是基于快仓提供的标准产品和标准服务，为各行各业客户打造具体的应用。随着应用场景的增加、技术的成熟，快仓的产能也在不断提高。由最开始的手工制造，到 2018 年开始有了大规模的部署，产能冲到了千台。2021 年底达到每年万台产能。未来三到五年，年产能计划达到每年 3 万台左右。未来五到十年，计划年产能再上一个数量级。

业务布局

杨威一直认为，在移动机器人赛道，只有坚持长期主义才能到达彼岸。

⊖　智能硬件，《仓储机器人的竞争格局初定: 安全、稳定系统急需落地》，电子网。

从产品战略上来讲，快仓希望能够做全场景、全品类的覆盖。全场景包括制造、流通和电商（参见方案 A 和方案 B）。

方案 A 电商场景下的解决方案（以某电商合作伙伴为例，见图 3-4，见表 3-2）。

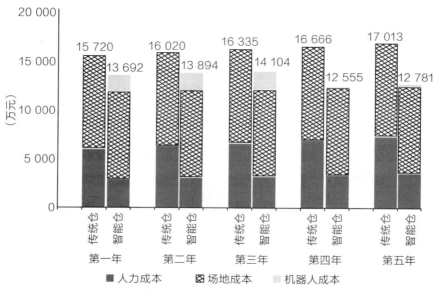

图 3-4　五年节省亿元总成本

资料来源：企业提供。

表 3-2　购买第二年成本对比

	传统仓	智能仓
人力成本下降51%	人员数量：833 人力成本：6 300（万元 / 月）	人员数量：407 人力成本：3 073（万元 / 月）
机器人成本	机器人数量：0	机器人数量：850 机器人折旧及维护：1 821（万元 / 年）

（续）

	传统仓	智能仓
场地成本下降 7%	仓库所需面积：2.7（万平方米） 租金：9 720（万元 / 年）	仓库所需面积：2.5（万平方米） 租金：9 000（万元 / 年）
成本总计下降 13%	成本总计：16 020（万元 / 年） 每单成本：13.4（元）	成本总计：13 894（万元 / 年） 每单成本：11.6（元）

注：假设出库量为 100 万单 / 月，不考虑后续年度出库量上涨；工作天数为 30 天 / 月；传统仓人效 40 单 / 人 / 天，智能仓人效 82 单 / 人 / 天；人力费用为 200 元 / 天，工资年均增长 5%；仓库日租金为 10 元 / ㎡，不考虑后续年度租金上涨；机器人总采购费 5 575 万元；机器人 5 年寿命，3 年折旧，5% 净残值率；机器人维护费第一年为 0，第二年为采购价的 1%，后续年份依次递增；除机器人外无其他辅料需求；不考虑仓库内用电情况。

资料来源：企业提供。

方案 B　制造业场景下的解决方案（以汽车行业卸货环节为例）。

传统模式痛点：

- 卸货是叉车用量最大的场景，通过场景分析发现，叉车除了装卸货物外，在将货物搬运至仓库的过程中浪费了较多时间。

- 叉车搬运为倒车行驶，叉车工容易劳动损伤，速度较慢，频繁出入卷帘门等待时间长，增值作业占比低。

AMR 解决方案：

- 部分卸货场景可以使用无人叉车或输送链对接，要求卡车规格、停车位置及角度准确，卡车内货物有定位并留有一定间隔，容器尺寸一致。

- 卸货场景主要还是由人工叉车完成，AMR 替代叉车搬运货物进入仓库，可以减少卸货时间，减少叉车数量，提升卸货道口使用效率（见图 3-5）。

AMR 选型：

- 无人叉车 + 潜伏顶升。

- 输送链 + 潜伏顶升。

- 麒麟、玄武等。

图 3-5 移动机器人替代人工叉车卸货场景

传统模式 ROI（投资回报率）：

- 按照一个年产 24 万辆的总装车间，卸货卡车 36 台，叉车工 72 人（两班）计算。

- AMR 代替叉车搬运货物进入仓库，叉车作业时间可减少 50%，即减少叉车 18 台，叉车工 36 人。

- 叉车成本：30 万元 / 台 ÷5 年 ×18 台 =108 万元 / 年。

- 人工成本：10 万元 / 人 / 年 ×36 人 =360 万元 / 年。

- 成本合计：468 万元 / 年。

机器人 ROI：

- AMR 解决方案，搬运往返距离 100m，按照速度 1m/s，加上顶升及等待时间，每托搬运时间约 120s。

- 叉车卸一托货约 20s，为了保证叉车的作业效率，每个车位需配置 6 台 AMR，一共 72 台，投资约 1080 万元（不含备机）。
- ROI=1080 万 ÷468 万 / 年≈ 2.3 年。

首先，在制造场景中，阿里巴巴历时 3 年打造的犀牛工厂使用了快仓的" AMR+ "系列之辊筒机器人，使服装产线更加柔性；中联重科 6 分钟下线一台挖掘机的智能工厂使用了快仓的潜伏式和料箱式机器人。其次，在流通场景中，快仓的解决方案及软硬件产品已应用在医药、鞋服、汽车零配件、食品、海外仓、第三方物流、零售商超等几十个细分行业。最后，在电商场景中，快仓与菜鸟网络联手打造了亚洲首个"单仓千台级"的智能仓。而且从创业初期就开始服务的唯品会智能仓，也已经稳定运行了五年以上。

全品类包括针对不同场景设计的密集存储、货到人拣选、智能搬运等解决方案，以及针对不同载具的搬运需求所设计的不同产品形态（见表 3-3）。

2021 年，快仓共交付项目 200 余个，交付效率提升 100%，在整车、光伏、锂电、PCB（印刷电路板）、海外仓等行业实现破冰，在医药、鞋服、第三方物流等行业获得持续复购。其中，快仓为高济医疗打造的智能搬运项目，实现了全仓拆零拣选环节机器人"货到人"拣选，全国六大区域中心仓已实施上线，累计部署机器人约 700 台，总覆盖面积超过 6 万平方米，平均实施上线周期约 1 个月，单工作站最高拣选效率达到 500 行 / 小时，平均拣选效率是人工仓的 2 ～ 4 倍，节省 50% 以上人工。

表 3-3 快仓机器人产品简介

机器人系列名称	外观	主要特色	传统行业痛点	优势	适用场景	适用行业
潜伏系列智能机器人		智能货架搬运：高效灵活，效率提升，货架搬运机器人、人可移动货架、上架、补货、拣货	传统的拣选方式效率低下，难以控制人力成本，订单多品项，少数量、多品项，几乎全部上架零拣选，拆零拣选，执行的效率和准确率低，直接影响用户体验	动态资源分配，准确率99.99%，优化管理、灵活性，回报快、自动化	补货、上架、拣选、库内作业	电商、汽造/汽配、3PL、医药、冷冻、鞋服、3C、冷库、家电、图书/教育、PCB、新能源（光伏、电池）
AGV+系列机器人		智能移载搬运：灵活调节产能，快速准确稳定，扩容分拣、包裹分拣、包裹接力分拣	人工送货效率低和拣货准确率低，管理成本高，包裹易破损，传统包裹分拣设备灵活性差	快速、稳定、准确、智能调度、适应性强、高效、灵活柔性	扩容分拣、包裹分拣、包裹接力分拣	互联网及电商行业、新零售、3PL、快递物流行业
料箱搬运系列机器人		智能料箱搬运：客户因地制宜，降低人工成本，提高拣选效率、搬运多个料箱	立库存储巷道存取货物效率较低，现有市面上产品投资回报率不高；产线对接点多，难以保证各个对接点一致性，产线环境复杂，产品定位导航的长期稳定性存在风险	快速存取、系统主导、灵活可靠、场景多样、柔性可靠、高效	转运和存储多场景	食品、电商、零售、烟草、物流、鞋服

（续）

机器人系列名称	外观	主要特色	传统行业痛点	优势	适用场景	适用行业
托盘搬运系列机器人		智能托盘搬运：部署简单快速，灵活、柔性、高效，全向无人堆高机器人，固定载具AGV，智能四向穿梭机器人	传统方案中对叉车工的依赖性高	安全可靠，柔性高效，灵活可靠，自动化	低密度柔性搬运场景，高密度存储场景	食品、汽造/汽配、服装、医药、物流、电子
智能复合机器人		场景多样，节省人力，产能柔性，性价比高，灵活高效，效率更高，稳定安全，精准定位	劳动密集，人工成本高，环境恶劣不适于人长期劳作，企业自动化、柔性化生产转型中，对商品在搬运过程中的品质保证有要求，对无尘、洁净环境要求高	搭载不同上装载具，满足客户场景需求	产线对接、线边搬运、智能分拣等	服装、图书、液晶面板、食品、PCB、军工、汽车、工业零件、3C
四向穿梭机器人		穿梭空间，创造无限	传统的拣选方式效率低下，难以控制人力成本，订单零散，多品项，少数量，几乎全部是拆零拣选	高位/单层皆可的货架布局，机器人调度，更高的存储密集度，设备故障影响小，设备依赖性低，改造拓展代价低，预设备用机的代价更便宜	转运、搬运、存储等多场景	烟草、汽车、食品、服装、家居、电器、医药、物流、制造

技术方向

移动机器人在工厂运用的天花板比在仓库运用的天花板要高很多。如果要无限趋近于天花板，必要条件之一就是把 AMR 集群系统与整个操作系统应用软件化，把人的知识沉淀到系统里。当交付给客户时，客户在此基础上做二次开发、做调试、做交付，不需要额外服务团队在场，这样既节省了人工成本又提高了管理效率，中小规模的项目才能有效复制下去。

为了达成软件工具化、应用软件化的技术方向和目标，快仓内部已启动"凤凰"项目，重构软件技术平台。重构的原因之一是原先的底层系统对于制造场景、智能驾驶的支撑不足；原因之二是上一代系统服务的目标用户均是由快仓自己进行解决方案的研发和交付，所以底层系统以工具形态面向第三方伙伴的赋能能力比较弱，因此需要做全新的迭代。迭代完成后，就可以实现插件化，即用户可以直接使用已经定义好的输入输出进行算法实现。在快仓提供的编程框架、操作系统框架的基础上，如果某用户建立了某个新场景的最佳实践，且受到全球范围内用户的广泛欢迎，那么快仓也可以一同参与插件的开发，这样便能快速建立起软件操作系统的雏形。

战略规划

未来五年，快仓主要的战略方向计划围绕着两个双轮展开，一是围绕两大典型的应用场景：主要面向智能工厂的工业搬运，电商、流通的拣选或分拣；二是围绕两大典型的市场：国内市场

和以发达国家为主的海外市场。整个公司的组织模型与产品战略
也会围绕着这两个双轮来进行快速的迭代。具体来说，针对两大
典型应用场景，快仓将持续拓展市场和迭代产品，其中制造场景
业务规模占比将进一步提升；针对两大典型市场，快仓将以德国、
英国、美国、澳大利亚、新加坡、泰国、日本、韩国等地为中心
辐射并覆盖至相关大洲，其中，快仓与凯傲集团在全球分销、联
合研发两个维度上的合作将发挥关键性助力作用。

　　与此同时，快仓将持续提升技术实力和产品能力、扩充团队
并引进更多优秀人才、扩张产能，并坚定地选择走厂商路线，在
各行业的端对端服务中沉淀出行业级产品，包括机器人本体、操
作系统、解决方案、智能分析能力，并联合各行业合作伙伴，将
这些产品提供给终端用户。

面临挑战

　　2021 年，快仓获得了高速的增长和发展。新冠疫情带来了
劳动力短缺和电商业务爆发，很多企业面临着仓库或工厂自动化
改造的迫切需求，这些为中国移动机器人的发展和出海提供了广
阔市场，这种趋势预计仍将持续。各行各业对于移动机器人的需
求巨大，这不光对消费和流通行业有影响，对于制造业也有很大
的影响。因为消费的多元化和订单结构的多元化，对仓储物流、
生产物流的柔性化提出了很高的要求，纯人工、传统的自动化设
备无法达到企业对效率、成本和柔性化的预期，所以仓库、工厂
的内部物流环节都会对移动机器人有很强的需求。然而，在业务

快速增长和做好全场景交付能力的过程中，快仓也遇到了很大的挑战。

在电商、流通场景中，移动机器人已经驾轻就熟。但是，在制造场景中，机器人本身的能力还不够，越来越多的制造业各细分行业的潜在客户对移动机器人提出了更高的要求。针对这些场景，移动机器人要有更敏锐的环境感知能力，更敏捷的融合导航定位能力，以及更聪明的自主决策能力。从用户体验的角度来看，机器人这些能力的提升意味着更快的部署、更轻松的集成以及更高的作业效率。快仓应该如何更加敏捷地满足不同行业和不同规模的客户的需求，保持高速增长？

另外，AMR是技术发展的方向，它打破了AGV的能力边界，可以在更多类型的场景中完成搬运、拣选、分拣任务。在这个方向上，各家移动机器人头部企业都在加大研发力度，随着移动机器人能力的全面提升，比目前大10倍以上的市场容量将逐步被打开，但各路友商的竞争也在逐渐加剧。快仓应该如何应对越来越拥挤的赛道，继续保持行业领先？

在服务国内市场的同时，杨威一直想代表中国智造的一部分走出国门、实现全球化。有统计显示，当前全球范围内AMR的整体渗透率仅为个位数，未来可期的市场规模将达到千亿美元级别。自从2018年开始拓展海外市场以来，快仓已经在北美、欧洲、澳大利亚、东南亚、日韩、中东等地区落地，机器人海外出货量已超过总销量的10%。快仓在国际市场，又该如何继续开拓和发展？

未来，快仓会把交付质量和效率提高到非常高的战略维度，同时，加强海外市场的拓展，提高中国 AMR 企业在海外的口碑和知名度。快仓将继续加速全球化布局，携手合作伙伴共同迎接新的机遇和挑战。

"目前公司只是从婴儿变孩童了。我们有自己一定的能力了，有独到的产品了，能为一些用户产生价值了，而且也能走向海外了，但距离目标与愿景还很远，还需要持续成长、不断进化。"

杨威给快仓立下的使命是"让人类不再搬运"。这是工科男希望通过技术改造社会、造福人类的美好理想，也是快仓整个团队为之奋斗的终极目标。现在的快仓，仍在路上。

第二步
STEP2
"1到N"
快速扩张期的企业战略

CHAPTER 4

第 4 章

元气森林
互联网时代饮料市场破局者[⊖]

  元气森林，成立于 2016 年，是一家坚持自主研发的创新饮料品牌。2021 年底，元气森林完成了近 2 亿美元融资，估值近 150 亿美元（折合人民币约 950 亿元）；跻身胡润排行榜 2021 全球独角兽中国前十名。[⊜]

  元气森林的创始人唐彬森原先是一名互联网赛道的创业者。2015 年，他发现传统饮料已不能满足中国年轻消费者日渐升级

⊖ 本案例作者为中欧国际工商学院方跃教授，案例研究员钱文颖，研究助理吕星航（于 2021 年 11 月共同撰写，数据截至 2021 年 10 月）。在写作过程中得到了元气森林（北京）食品科技集团有限公司的支持。

⊜ 2021 年 12 月 20 日，胡润研究院发布"2021 年全球独角兽榜"，榜单主要为 2000 年后成立且估值超过 10 亿美元的非上市公司。元气森林排名中国榜单的第 9 名，排在前面的公司有：字节跳动、蚂蚁集团、菜鸟网络、京东科技、微众银行、Shein、小红书和大疆。

的需求，开始"跨界"创业。元气森林把互联网运营经验迁移到饮料行业，坚持用互联网精神来做产品：公司开放授权，大胆启用"跨界"年轻人负责产品；研发设计紧紧围绕"用户第一"，甚至"不计成本"；为洞察用户需求，实现多环节多维度大数据驱动；引入 A/B 测试方法快速试错，让需求决定产品是否推出市场；采用新的营销渠道和方法以更高效的方式触达年轻目标消费群体。在互联网精神下，元气森林快速收获了消费者的喜爱，2018 年至 2020 年，元气森林的销售额依次为 1.6 亿元、8.7 亿元、25 亿元人民币，一时间成为可口可乐、芬达、雪碧等国际品牌关注的行业黑马。

但伴随企业规模的迅速扩大，元气森林用互联网模式做饮料的弊端也相继浮出水面。元气森林是如何用互联网精神重构传统饮料价值链，完成 0 到 1 的创始阶段的？从产品端看，其产品是昙花一现的网红产品还是有可持续发展的潜力？从运营端看，随着规模扩大，元气森林已有员工 8000 余名，正在成长为大型企业。伴随着企业运营由"轻"逐渐变"重"，元气森林下一步应如何保持高速增长，实现 1 到 N 的突破？

创立背景

创始人及创业经历

元气森林创始人唐彬森从小就有做生意的天赋。大学期间，计算机专业的他和团队夺得 GSM&Java 智能卡程序开发大赛金

奖，获得 2.5 万欧元奖金，开始了校园创业之路。研究生三年，
他和团队一直在心理测试领域创业却一直没有获得盈利。这次创
业让唐彬森明白了创业赛道一定要选择已经被验证过商业模式、
充分竞争的大市场，否则团队能力再强，也无法成功。

2008 年，唐彬森成立了智明星通进入了游戏领域。公司成功
将"开心农场"小游戏推广到全球 20 多个国家，成为迄今最爆款
的小游戏之一；随后，公司建立国际化发行平台，将开心农场的经
验复制迁移，帮助中国游戏到海外市场运营，成为中国游戏出海开
拓者，并自研游戏"列王的纷争"，更是将其运营推广经验成功运
用到发达国家市场，成为中国游戏国际化历史上流水最高的游戏。

2014 年，智明星通被收购，唐彬森在同年创立了挑战者资
本，专注消费领域和企业服务方向，投资理念是"中华有为、挑
战巨头、投资好产品、相信年轻人"，希望能够成就一些敢于挑战
国际巨头的年轻人。在投资过程中，唐彬森越来越发现在消费升
级、年轻人成为主流消费人群的趋势下，国产品牌完全有实力通
过用户驱动、用好的材料打造好产品去重新定义市场。

中国饮料市场

投资过程中，唐彬森发现中国饮料市场虽然有娃哈哈、康师
傅、统一、王老吉、加多宝等国产品牌，却没有一款像可口可乐
一样能够畅销全世界的爆款饮料。2015 年中国的饮料行业进入
降速增长的新常态阶段，全国软饮料[⊖]销量同比仅增长 4%。随着

⊖ 软饮料是指酒精含量低于 0.5%（质量比）的天然的或人工配制的饮料。

消费者对健康生活的关注，碳酸饮料被市场贴上了不健康的标签，市场份额不断下滑。虽然各路饮料公司都在积极推陈出新，但是并没有将饮料市场带出低迷的颓势，新品存活率不足 5%。唐彬森认为，随着中国消费市场的升级和主流消费人群的年轻化，传统的饮料产品已经不能满足消费者的需求。

2015 年底，唐彬森创立了元气森林研发中心，研究无糖饮料。无糖饮料是指不含蔗糖（即淀粉水解的糖类，如葡萄糖、麦芽糖、果糖等）的饮料，一般采用糖醇和低聚糖等不升高血糖浓度的甜味剂作为糖的替代品，主要有无糖碳酸饮料、无糖茶饮料、无糖咖啡饮料和无糖植物饮料四大类。中国无糖饮料开始于 2002 年，但市场反应一直不佳，截至 2014 年中国无糖饮料市场规模为 16.6 亿元，仅占饮料市场总规模的 0.27%。

但根据调查研究，唐彬森认为无糖化、低糖化将成为接下来中国饮料市场的发展趋势。首先，看全球发达国家市场，美国、欧洲和日本是无糖饮料的主要生产和消费区，市场占比逐年上升。比如日本市场，1985 年无糖饮料占比仅 2%，1995 年已经达到 25%，到元气森林成立前已经占据饮料市场一半以上。其次，中国政府开始加强推动健康饮食教育，倡导全社会控制糖摄入量，消费者对无糖饮料的接受度逐步提升。在这个背景下，唐彬森创立了元气森林，以跨界身份进入了传统饮料市场（见表 4-1）。

表 4-1 元气森林公司发展情况

时间	事件
2015 年	成立食品研发中心，开始产品研发

（续）

时间	事件
2016 年	6 月，注册成立元气森林（北京）食品科技集团有限公司
2017 年	6 月，"燃茶"推出，成为公司首款热销产品
2018 年	5 月，元气森林气泡水面世，"0 糖 0 脂 0 卡"概念深入人心，带领公司进入快速增长期
2019 年	9 月，元气森林乳茶上市 10 月，首个工厂在安徽滁州投建 12 月，元气森林出海国际化开始，气泡水和燃茶产品登陆美国
2020 年	6 月，首个自建工厂滁州工厂投产，同年广东肇庆、天津西青工厂及滁州二期工厂陆续投建 9 月，"满分"果汁气泡水上市 该年品控团队升级为"第一食品安全中心"，对食品安全问题拥有一票否决权
2021 年	春季，外星人电解质水在全国市场上市 7 月 20 日，元气森林天津西青工厂正式投产启动 10 月，宣布"三 0 工厂"战略，率先在碳酸饮料中不添加山梨酸钾、苯甲酸钠等化学防腐剂 10 月，湖北咸宁工厂奠基投建，"超级城市群 + 自建工厂"的全国战略布局初告完成

资料来源：案例作者根据案例企业提供资料和公开资料整理。

互联网精神驱动的元气森林

第一次失败

成立初期，公司完全没有饮料行业的经验，于是请来饮料行业的专家，按照传统饮料公司的方式做市场调研和产品研发。公司第一款产品是根据成本定价研发的：饮料行业专家认为定价过高会影响销售量，可口可乐售价 3.5 元 / 瓶，元气森林最高只能定价 4 元 / 瓶。由于传统饮料售卖还需要给渠道商、终端门店各 30% 的提成，定价 4 元 / 瓶的饮料倒推下来，最终生产制作成本只有 0.5 元。

因为是一家创业公司，缺乏与代工厂的议价能力，产品研发完成后元气森林一下子下了 500 万元的生产订单。但结果并不如意，生产出来的饮料口味一般，连初创团队自己都不愿意多喝一口。传统饮料出身的销售负责人建议唐彬森按传统饮料行业的惯常做法，把产品铺到下沉市场卖掉。但唐彬森认为这样做违背了元气森林的品牌理念，又多花了 100 万元销毁了这批产品。

从这次产品失败的教训中，唐彬森找到了传统饮料市场的症结所在。他发现，过去一款饮料卖得好不好主要取决于企业的渠道建设能力。在这种潜规则下，一款新饮料的研发总是先定价格、再倒推成本和利润空间，最后才选择用料，口味和品质反而被市场所忽略，消费者没有太多选择。唐彬森认为游戏行业也曾有过"强渠道"的阶段，但随着互联网带来的信息对称和渠道扁平，消费者的选择空间越来越大，产品应该坚持"用户第一"，即"关心用户、关心产品、对用户体验极致追求，让用户愿意选择你"，饮料行业也应该被互联网所改变。

用户第一

公司换了三拨饮料领域的专业人士，还是没有打造出一款"用户第一"的产品。唐彬森决定启用一群二十几岁的年轻人来主导产品研发。这批年轻人大多是刚工作没几年，来自各行各业。团队负责人鹿角是一个"90 后"女孩，非常喜欢喝饮料。鹿角原先是在智明星通做唐彬森的助理，负责投后工作，前后经手了上百个快消项目，元气森林也是其中之一。唐彬森认为，"恰好就是这群'不专业'的年轻人，促成了日后产品的成功。因为他们本身就是用户，对产品敏感、对需求明确、热爱生活、喜欢探索，这些都是做产品天生具备的优势。所以他们做的产品往往也会引起其他年轻人的喜欢"。

唐彬森给初创团队定下了一个简单的原则："不要讨论什么成本，就做一款自己想喝的产品。产品上市前必须让身边十个人一人买一箱，身边人都买才能说明产品靠谱。"在这个原则下，元气森林打破了传统饮料"先按市场情况定价，再研发"的产品研发方式，而是围绕"用户第一"，先寻找最好的原材料做出好喝的饮料，再根据产品的实际成本定价。

元气森林的"用户第一"，是指产品从原材料、口感、包装设计、卖点，都从用户角度出发，做自己喜欢喝、愿意推荐给家人朋友的饮品，设计的细节也要符合年轻人的审美和观感。

"饮品是生活的调味剂，但当代社会给年轻人营造了太多焦虑，元气森林希望有一个东西能帮助他们缓解外界焦虑，少一些束缚。所以做产品的出发点是抱着一些善意和爱，尤其是对女孩的善意。"包括鹿角在内，元气森林初创团队都是很喜欢喝饮料但又怕胖的女孩子。

举例来说，元气森林燃茶瓶身上的"燃"字看似简单，但排版设计经过上百次反复调试，确保消费者能一眼被产品打动。大面积的白色，占据绝大版面的黑色字体，放在货架上很显眼。元气森林的卖点"0糖0脂0卡"也是经过反复打磨的，确保消费者一眼就知道元气森林的价值主张和核心差异点，减轻购买决策成本。

再比如气泡水的"瓶子造型"，是元气森林自己开模设计的瓶身，中间凹进去的曲线，是根据对不同手掌大小的测试，找到的唯一合适的弧度，只有它的握感是最佳的。"我们愿意把时间和精力浪费在这些细节上。而这些想法，也是我们年轻设计师的想法。"鹿角认为。

赤藓糖醇的例子更是被媒体反复提及，用来说明其"用户第一"的价值主张：为了做出口感更好、更健康的无糖饮料，元气森林前后找了市场中 100 多种代糖进行筛选测试，最终发现赤藓糖醇是最符合要求的甜味剂。赤藓糖醇是自然界中广泛存在的有机物，甜度只有蔗糖的 60% ～ 70%，入口清凉、口味纯正、没有后苦感；相比其他代糖，耐受度更高，且对血糖的影响更小。但赤藓糖醇需要采用发酵法转化和提取，成本是常见代糖成本的 50 ～ 70 倍。按此前传统饮料 3 ～ 5 元的定价区间，赤藓糖醇几乎不可能被饮料企业考虑用在大规模生产饮料产品中。而元气森林成为中国第一家大规模使用赤藓糖醇的饮料公司，更是带动了饮料市场使用赤藓糖醇的风潮。

引入 A/B 测试方法

经过产品销毁事件，唐彬森认识到按照传统饮料研发生产的流程，决策失误的机会成本过高。元气森林开始将互联网领域广泛应用的 A/B 测试方法引入饮料行业。

A/B 测试的核心思想是多方案并行测试，快速试错，最后按照规则优胜劣汰，确定产品。元气森林将用户体验与反馈作为其 A/B 测试的主要规则，测试的步骤与指标中包括自己是否愿意喝、是否愿意推荐给家人朋友喝等感性问题。在 A/B 测试方式下，元气森林将传统饮料 1～2 年的研发周期压缩到了 3～6 个月，并且一两天就能做一次对饮品的口味测试，根据测试结果快速调整、迭代或终止项目，试错成本降低至每批次四五十万元左右，不及最初的十分之一。

元气森林的新品除了要经过内部测试外，还需要经过外部测试流程。元气森林一般会在特定区域或渠道小规模地进行销售测试，测试内容包括口味、包装、卖点、理念等，销售测试过关后再全面推向市场。比如，元气森林的燃茶经过了几十次测试、气泡水则经过了 100 多次测试才最终大规模推出市场，而这整个过程才用了一年时间。

引入 A/B 测试后，元气森林一般会有上百个 SKU（最小存货单位）同时在测试和调整。唐彬森在 2020 年底经销商大会上曾透露，公司尚有 95% 的产品没有推出。换言之，在元气森林的研发模式下，绝大多数不够好的饮料产品在测试环节被快速淘汰或继续迭代，真正推出的产品已经"身经百战"。

数字化的用户洞察

在用户需求洞察方面，元气森林也将互联网行业的经验迁移到饮料行业，"用互联网精神做产品"，可以理解为对产品的极致追求，愿意不停迭代。传统饮料企业主要是通过第三方市场调研公司收集用户反馈。但鹿角认为："用户洞察需要产品经理自己去跟用户聊，体会生活场景下的需求，去思考需求背后的逻辑；通过第三方调研公司的报告只能获取一些没有真实情感的二手数据，并不能了解真实的用户需求。做产品不仅要从数据维度观察用户动态，更应该关注用户情感上的需求。"

为了尽可能地获取更多维度的一手数据来了解用户的真实反馈，团队将游戏行业用户调研的经验借鉴过来。在游戏行业中，公司往往会在游戏产品预热期、封闭测试期等各个阶段对用户进行调研，通过实时的数据分析随时了解用户的变化。元气森林也非常注重数据分析，在产品概念、小规模生产、中规模生产和大规模生产每个不同阶段都会做大量的、不同侧重点的消费者调研，并依据消费者调研数据做决策，任何一次不满意的调研结果，都可能让一款研发中的产品下线。

鹿角认为："我们过去下线了很多产品，其中有一些产品我个人挺喜欢的。但是数据不好，数据背后就是每一个用户的真实投票。真正的让数据说话就是让用户来投票决定哪些产品好，这个是你要坚持的东西。留存率、口碑指数、NPS（用户净推荐值）、复购，这些是最基础却最重要的事情。反馈，也塑造了一代代产品的迭代与革新。"

内部测试环节：传统饮料公司内测产品需要请咨询公司帮助筛选招募目标对象参加调研，不仅成本高昂，一次就需要几十万元；而且执行周期长，从开始招募到完成调研可能需要2～3个月。2020 年起，元气森林开始通过私域流量的运营大幅降低内测成本，提高了内测效率。具体而言，元气森林在微信小程序中通过"体验官"活动不定时发布新品测评活动。经常活跃在元气森林小程序的大多是沉淀在私域的忠实用户，他们会主动申请试用，中签后支付运费便可拿到商品提前体验。用户会被引流到专门的试吃微信交流群内，元气森林的产品助理会引导大家填写问卷。截至 2021 年 6 月，元气森林积累了近 600 万私域粉丝。

线上销售测试： 经过内测环节验证的新品将被元气森林挂到主流电商平台售卖。售卖过程中公司会根据后台数据来判断新品是否有潜力，再决定是否大规模量产、铺货到线下渠道。虽然电商平台提供的线上销售数据已经十分完善，但元气森林还特别关注复购率、两次消费间隔时间以及 NPS。比如，元气森林有一款叫"满分"的产品，该产品在 2020 年就研发出来开始在线上渠道进行销售测试，不投放广告，而是通过用户自然购买数据、复购情况来获取真实的市场反馈，用这些数据决定"满分"的去留。元气森林还会通过新媒体平台看用户的评论反馈以及投放信息流广告看用户的点击量，通过测试结果判断什么样的产品更受用户青睐。

线下销售测试： 线下渠道是饮料销售的主要场景，元气森林通过 ERP 系统融合了经销商体系，可实现自动监测经销商的销量与库存。为了进一步解决线下数据收集与分析的问题，元气森林和一家数据供应商合作，后者能够打通零售门店的 POS 机数据，直接获取店面的交易订单信息，从而拿到精确的销售数据，截至 2020 年末，这家数据供应商已经接入全国范围内 2 万家快消类门店的数据。在元气森林的指导下，这家数据供应商推出了"可乐指数"来量化产品的销售水平。饮料产品的销售受季节和气温变化影响波动较大，如果仅看自己产品的销量很难衡量新品究竟卖得好不好。但从行业数据来看，经典 500ml 的可口可乐无论是铺货率还是销量都有着相对稳定的规律。通过与该指标的对比，元气森林能够以每周为一个周期，不断监测新款上架后的销售情况，从而判断哪些产品不行，需要赶紧下架；哪些产品好卖，需要大力铺货，和传统的市场数据监测相比，效率大大提高。

唐彬森认为，真正的数字化就是把选择权交给用户。"互联网的'灵魂'就是数字化背后代表用户的投票、用户的行为。好的数字化是数字帮助你做决策，是数字决策而不是老板决策。"元气森林燃茶、气泡水都是经过消费者"投票"选出来的爆品。

新的渠道与营销思路

渠道：从连锁便利店切入

作为一个新饮料品牌，为了避免与传统饮料巨头的正面竞争，元气森林在发展初期没有选择传统的"厂家—经销商—批发商—零售终端店—顾客"渠道构建模式，而是将连锁便利店作为市场切入口，快速进入 7-11、全家、盒马、便利蜂、Today 等新型连锁便利店。

2016 年开始，中国连锁便利店市场进入快速扩张期，中国连锁经营协会（CCFA）数据显示，2016 年中国连锁便利店数量达

9.4 万家，到 2018 年已经增至 12.2 万家。元气森林通过市场调研数据发现，连锁便利店中"85 后""90 后"消费者占比高、年轻女性消费者占比高，与元气森林品牌的目标客户群体高度吻合。趁着中国连锁便利店的腾飞，元气森林迅速将产品铺到了目标用户市场。在便利店渠道脱颖而出后，一些传统渠道的经销商也开始主动找到元气森林，传统渠道的拓展也变得水到渠成。

营销：从新媒体平台和线上电商破局

在营销思路上，元气森林也引入了互联网思维。传统饮料公司在营销上主要选择大众媒体渠道进行广告投放，成本高昂。而唐彬森认为，"在互联网时代，购买决策机制已经被社交媒体重构，消费者可以从更多渠道获得信息，不再受制于有限的销售渠道，不再是品牌广告被动的接受者，可以选择自己真正喜欢的商品，并通过扁平的社交网络将自己的评价传播出去"。

2019 年前，元气森林几乎没有在主流媒体上大规模做营销推广。通过调查发现，抖音、B 站和小红书等几家近年来崛起的新媒体平台颇受年轻用户欢迎，且从数据上来看，这些新媒体平台用户与元气森林的消费者画像有很高的重叠度，于是元气森林选择将这几家平台作为营销突破口。通过在平台上不断地进行图文推荐实现精准引流，元气森林在京东、天猫旗舰店的销售收入快速增长；直播电商促销更是激发了元气森林销售的火热。2019 年元气森林线上成交量占到了总销量的四成；2020 年的双十一购物节，元气森林首次超越可口可乐，在天猫和京东平台均成为销量第一的水饮料品牌。

开放的组织文化

来自传统快消品公司的元气森林前副总裁宗昊认为，元气森林和传统快消品公司在组织文化上有着鲜明差异，这也是元气森林能够真正将"用户第一"从宗旨落实到产品、渠道、生产等每一处工作的原因。其开放的组织文化体现在三个方面。

人才战略。首先是员工态度的不同。对比传统快消企业，宗昊认为："传统快消品企业员工大都是专业背景，大家更多的是'打工人'心态，在层级森严的科层制组织结构下按部就班地完成自己的工作。而元气森林并不看背景和出身，除了饮料行业专业的，员工还有来自互联网行业、投资行业、建筑专业或者设计专业的，平均年龄和心态都非常年轻。"

这与唐彬森的人才观分不开。相比金融、互联网等热门行业，传统饮料行业收入没有竞争力，很难吸引到优秀的年轻人才。唐彬森认为，如果一个行业没有足够的人才密度很难有大的改变。在构建团队时，唐彬森吸收了互联网行业的经验，通过给予优秀人才期权、股权，与员工共享收益，来吸引更多优秀人才进入公司。相比员工的资历和专业背景，元气森林更在意年轻人是否有用户洞察力、是否有创意和自驱力能做出更好的产品。在产品研发过程中，不少重要事情都是由年轻人来决策。

随着公司的发展扩大，公司也需要挖掘大量传统饮料行业的人才以提升公司在研发、渠道、生产等方面的能力，比如生产中心总经理李炳前等。但唐彬森一直鼓励来自传统行业的员工不要受过往经验的路径依赖所限，而是要适当学习理解互联网的底层逻辑和认知体系，尝试用互联网的逻辑来倒推饮料行业的变革。

扁平授权。其次是组织沟通的不同。对比传统快消品企业，宗昊认为："传统企业决策权非常集中，要做一个决策需要层层汇报，一个很小的活动审批可能需要走几天的流程。而元气森林在跨部门沟通上非常有互联网公司的风格，员工被充分授权，可以自主决策。"

"在小组里产品经理有着最高的话语权，可以决策自己所负责产品的方向与细节。"鹿角表示。元气森林的产品开发以小组为单位，每个小组负责各自产品从创意到落地的闭环。一些产品只需要几个月时间就能从创意到上市，但有些产品则因工艺或原料需要两三年的调试。根据产品难度的不同，所配置的团队也有所不同，一些大的产品比如气泡水等，则成立了事业部，事业部有着更独立的授权空间，除了产品的研发迭代和品牌建设，都可以在团队内部完成。为了进一步鼓励员工创新，元气森林引入了互联网行业一些巨头企业推行的 OKR[⊖]机制取代传统的 KPI 考核[⊖]。

⊖ OKR（Objectives and Key Results），即目标与关键成果法，是一套明确和跟踪目标及其完成情况的管理工具和方法，由英特尔公司创始人安迪·格鲁夫（Andy Grove）发明，并由约翰·杜尔（John Doerr）引入到谷歌使用，1999 年 OKR 在谷歌发扬光大，在 Facebook、领英等企业广泛使用。2014 年，OKR 传入中国。2015 年后，百度、华为、字节跳动等企业都逐渐使用。

⊖ KPI（Key Performance Indicator），即关键业绩指标考核法，是企业绩效考核的方法之一。这种方法的优点是标准比较鲜明，易于做出评估。它的缺点是对简单的工作制定标准难度较大，缺乏一定的定量性。

开放文化。最重要的是。元气森林的使命愿景价值观是动态变化的。唐彬森每隔一段时间就会找来各个事业部合伙人一起吃饭,在饭桌上来自产品、渠道、人事行政、创意部门的人会与唐彬森就公司的发展进行激烈的讨论。唐彬森会问每个人过去一段时间公司有没有做得不好或需要改进的地方,如果对方说得有理,他就会敬对方两杯酒。这些团队讨论的内容,唐彬森会用作修改公司的使命愿景价值观文档的参考。为了更好地了解大家对公司的看法,元气森林还在公司内部论坛提供了意见与吐槽板块,只要能帮助公司进一步成长,吐槽和批评不算什么。

在这样兼收并蓄、迭代升级的互联网逻辑的驱动下,2018 年,元气森林推出"0 糖 0 脂 0 卡"苏打气泡水,开启高速发展。据智研咨询数据显示,当年中国无糖饮料迎来爆发式增长,同比增速达到 60.77%。从细分领域看,无糖汽水的市场规模首次超过无糖茶饮,为 34.6 亿元,同比增速达 91.16%,在无糖饮料细分市场占比 51.49%。

从 1 到 N 阶段的挑战

在互联网精神的驱动下,短短 6 年时间,元气森林已经从一个十几个人的初创团队快速成长为员工近 8000 人的巨型企业,除了北京总部数千名员工,元气森林还在各个区域布局了大量的线下渠道销售人员和自建工厂的生产人员,2021 年元气森林扩招近 50%,其中来自传统饮料行业的人才占比超过 70%。

"互联网精神更多体现在元气森林的企业文化、组织风格等环节，但在建厂、拓渠道这些事上，传统饮料世界的部分规律依然起作用。"元气森林生产中心总经理李炳前这样认为。

营销与渠道变化

在创业初期，元气森林通过新媒体渠道精准营销、线下连锁便利店错位竞争以及线上渠道的拓展，用轻量化、低成本的方式快速拓展了渠道网络。但饮料作为一种典型的冲动型消费产品，要想覆盖更多的消费人群、有更高的销售利润，还是需要往传统线下渠道拓展，进一步提高产品的铺货率。

对此，唐彬森将此前开拓海外游戏市场时的经验迁移到元气森林的渠道建设上，唐彬森在每个国家/区域找本地的代理商，给足利润空间，激发当地代理商运营的积极性。元气森林针对每款产品都会招标一个城市总代理，给予其更高的毛利空间和更好的销售服务。

元气森林的销售团队为"区域经理—业务主管—业务员"结构，区域经理负责找到当地有广阔人脉的经销商，然后由经销商引荐，找到当地最有影响力的连锁商超和便利店去谈合作。区域销售团队执行力很强，与终端联系紧密，会针对重点客户渠道做点对点服务、会帮助门店处理货品促销落地事宜。

窜货[○]一直是饮料市场渠道下沉的难题。做好了渠道管控，元

○ 指同一品牌的产品出现在不同地区、不同渠道或不同终端售卖，导致价格战，甚至对品牌形象造成严重影响。

气森林自建了防窜货系统，产品的二维码和物流包装箱上的条形码或者二维码联动，对商品物流进行监控。产品上的二维码除了完成营销活动以外，还可以反向提供 LBS（基于位置的服务）预警信息，使企业有效监控商品转移。面对市场低价经销窜货行为，稽查人员可结合微信扫码快速掌握证据链对其实施有效制裁。

但随着元气森林的快速发展，渠道和营销的挑战也浮出水面。元气森林 2021 年线下渠道的销售目标为 75 亿元，是 2020 年全年销售额的 2 倍以上。想要完成这些销售额，势必要在线下零售终端抢占更多竞品的渠道和陈列排面位置。而另外，元气森林无糖气泡水的爆火带来了市场中越来越多新老品牌的跟随。饮料产品在创新性上并没有很强的技术壁垒，跟随者只需要参考配料表，经过多次试验就能迅速复制口味。

为了进一步将"无糖气泡水"与"元气森林"关键词绑定，占领用户心智，让大家提到气泡水就想到元气森林，元气森林从 2020 年起增加了广告预算，主要聚焦在电视综艺节目冠名，邀请品牌大使或代言人，大幅增加楼宇电梯、地铁和户外广告等方面。

不少饮料行业人士认为，元气森林各方面都在向传统饮料公司靠拢，"越来越像个传统饮料公司了"。

生产环节变化

在创业初期，围绕"用户第一"宗旨，元气森林更注重产品研发环节，确保能够研发出好原料、好口味的饮料；在生产环节则采用代工模式。元气森林生产中心总经理李炳前拥有来自传统饮料巨头的丰富生产经验，出于安全稳定的考虑，元气森林代工厂找的都是为国际饮料巨头代工的大工厂。

但是代工厂模式的弊端从 2019 年元气森林销量快速上涨开始越来越明显。

一方面代工模式需要元气森林适应对方的生产排期。唐彬森曾希望将一个产品推向市场前的步骤控制在 48 小时内全部完成。元气森林在产品研发、测试、营销等环节都能实现快速响应、快速迭代，但在实际操作中，代工厂的响应速度则成为不可控的因素。

另一方面，中国的代工厂资源大都掌握在国际饮料巨头手中，不仅有着配方泄露的风险，在 2019 年开始还经常遇到来自竞品威胁的断供危机，这大大影响了元气森林的进一步发展。

为了解决生产问题，2019 年 7 月，元气森林开始布局 "5 大超级城市群 + 自建工厂"战略，开始自建工厂之路。第一家工厂选在滁州，元气森林用 6 个月时间将工厂建成，2020 年 7 月开始投产，随后元气森林用平均 6 个月建一个厂的超级速度建厂。截至 2021 年 10 月底，元气森林宣布 "5 大超级城市群 + 自建工厂"全国战略布局初告完成，自建工厂分别对应华北、华东、华南、华中、西南地区 5 大城市集群，重点对应京津冀、长三角、珠三角、粤港澳大湾区、川渝、两湖中南地区等市场，总投资 55 亿元，总占地面积超过 1 000 余亩[⊖]，全部投产后年总产能超过 50 亿瓶，直接覆盖 7 亿人口。2022 年，元气森林江苏太仓工厂与当地政府签约，元气森林将把江苏太仓工厂打造为低碳、绿色环保、

⊖ 一亩约合 666.67 平方米。

智能化和自动化以及"水效领跑者"的标杆工厂。

自建工厂带来了诸多好处。原先依赖代工厂，元气森林产品的生产成本居高不下，并且会遇到淡季压货、旺季断货的问题。自建工厂后，一方面借助数据团队的优化工作，生产成本大大降低；另一方面，也更利于产品品控。元气森林的"森林工厂"在生产、仓储、物流等环节设置多道全自动视觉监控设备，用 AI 技术来做产线管理、资源调拨、品控、分拣、统计等。在制作瓶子的过程中，专门增加瓶口检测设备，对瓶口有损伤的产品直接在线剔除；通过机器换人，在其生产线采用无菌碳酸灌装技术，元气森林工厂的微生物控制级别达到行业最高标准——log6 水平。

在此基础上，元气森林从 2021 年初开始在原先的"0 糖 0 脂 0 卡"基础上启动"0 防腐剂"计划，所生产的气泡水饮料将不再添加苯甲酸钠、山梨酸钾等防腐剂来保鲜，实现料液、包装、环境的全程无菌，保证产品品质更优质、更健康。另外公司积极响应国家的碳中和号召，采用 RO 浓水回收、关键用水点管理、污水处理的中水利用等技术，不断升级耗氧污水处理工艺，提升硬件设施，污水排放达到国家一级标准，承诺在 2025 年成为国内碳中和饮料示范工厂。

但自建工厂也进一步加剧了元气森林在组织和发展上的挑战。

组织和发展挑战

元气森林原先开放灵活的组织文化正在成为公司快速扩张的

掣肘。在创业初期，唐彬森崇尚非常扁平化的沟通文化，每个员工有事情都能第一时间找到他、跟他面对面对话。唐彬森自己则像一个算力超强的CPU，不断调动自己在互联网行业积累的经验以及实时学习迭代的经验教训，将其转化为元气森林的生产力。但随着组织的迅速膨胀，尤其是销售渠道、生产工厂环节中传统饮料行业人员大量进入，这种极度扁平的公司文化带来了管理上的难题。

原先公司只有几十人规模时，都是采用小团队作战，产品经理有着较强的话语权，由产品经理来确定该产品的销售策略和生产计划，产品为王、创意为王，一切的目标都是为了做出好产品，公司为了激发产品团队的创意，甚至没有明确的绩效考核。但现在公司已经发展成近8 000人的大型公司，销售和生产团队占据了公司的大头，公司如何确保在快速扩张过程中"用好产品爱这个世界"的使命不稀释不变形？

在发展初期，唐彬森一直对团队说，不计成本，只要产品做得好一定会有人买。随着公司的进一步发展，成本效率将是决定公司是否能可持续发展的决定性因素，公司如何在坚持"用户第一"的基础上实现成本效率和用户体验的平衡呢？销售和生产团队是完全不同的薪酬结构和激励体系，公司应该如何更好地梳理好各环节的权责利、分工与协同？

元气森林面向年轻消费者，他们的需求多元、多变且挑剔，单一口味很容易腻。截至2021年，元气森林在元气森林品牌上，还孵化了北海牧场、满分、外星人、纤茶等品牌矩阵，饮料产品已涵盖了气泡水、燃茶、乳茶、果汁微气泡、功能性饮料、绿茶等，除了早期爆火的燃茶、气泡水外，元气森林乳茶、纤茶和外星人获得了比较好的市场反应，其他品类市场反响一般。2021 年的研发投入是 2020 年的 3 倍多，元气森林有 95% 尚未推出的新品。随着新国货品牌越来越多，元气森林还能通过其互联网精神造出更多有持续生命力的经典爆品吗？

CHAPTER 5

第 5 章

戴可思

出圈之后，如何长红[⊖]

曾经，外资品牌牢牢抓住了中国母婴产品的高端消费者，本土品牌似乎只有在下沉市场才能寻找到一线生机。

无锡戴可思生物科技有限公司（简称"戴可思"）是一家专为中国宝宝研发的婴幼儿洗护中高端品牌，它抓住细分品类和营销平台的红利，从 2017 年初出茅庐到 2021 年商品交易总额（Gross Merchandise Volume，GMV）突破 7 亿元。短短四年

⊖ 本案例作者为中欧国际工商学院王泰元教授，案例研究员黄夏燕（于 2022 年 9 月共同撰写，数据截至 2022 年 8 月）。在写作过程中得到了无锡戴可思生物科技有限公司的支持，并参考了现有公开信息及企业授权资料（均已在文中注明）。出于保密需要，本案例所涉及的无锡戴可思生物科技有限公司的财务指标和部分关键数据均经过掩饰，但这样的掩饰不影响本案例的讨论和决策。该案例目的是用来做课堂讨论的题材而非说明案例所述公司管理是否有效。

多时间，戴可思从众多母婴洗护品牌中迅速出圈，并跻身头部阵营，颠覆了中国母婴中高端消费者难以接受本土品牌的认知。

作为中国母婴洗护行业的一匹黑马，戴可思是如何快速出圈并保持高速增长的？作为母婴洗护品牌快速崛起的标杆之一，戴可思爆发式增长的品牌逻辑是什么？

信息流量快速迭代，出圈后的戴可思仍旧绕不开如何实现长期发展的挑战。作为新兴品牌，戴可思不仅要面临母婴洗护赛道传统品牌和新锐品牌的围追堵截，还要接受市场对产品力和品牌力的深度考验，基于此，如何才能保持长红？这也是每一个新消费品牌的必答题。

"尴尬"的本土母婴洗护品牌

人类洗护历史源远流长，从最初的泥土、草木灰清洗，到从石油中提炼表面活性剂，再到化学添加剂合成洗护，一次次洗护革命，一遍遍演绎着自然与化学的碰撞。

20 世纪 70 年代，随着一批本土洗衣粉品牌的崛起，中国洗护行业才真正开始发展起来。90 年代，宝洁、联合利华等外资品牌进入中国市场，洗护产品快速渗透到日常生活中。进入 21 世纪后，随着生活品质的进一步提升，洗护行业逐渐细分出婴童洗护品类。

经过多年的发展，中国本土婴童洗护品牌多达上百个，但市场占有率都非常低，而且集中在中低端市场，产品质量良莠不齐，品牌意识薄弱。尤其是受"三鹿奶粉"事件的影响，母婴产品消费者纷纷转向海淘、代购，绕道购买海外产品，对国产品牌的信任几乎消失殆尽。

长期以来，中国母婴洗护的中高端市场被外资品牌牢牢占据，比如美国的强生、日本的贝亲、德国的 NUK 等。本土母婴护肤品牌"嗳呵"，成立于 2006 年，一度在商超渠道赶超强生，也逃不开被强生收购的命运。本土品牌似乎只有在下沉市场才能寻到一线生机。

中国母婴洗护市场不易做，中高端本土洗护品牌更难做，一直是业内共识。

擅长成分研究的创始人

戴可思创始人张晓军，毕业于江南大学的化学工程与工艺专业，也曾就读于加州大学戴维斯分校的食品工程专业。江南大学是中国最早开设化妆品课程的大学，被誉为"中国化妆品人才培养的摇篮"。在大学期间，张晓军就开始接触化妆品和日用化学品的研发与设计，擅长产品成分研究。

2012 年，张晓军赴美学习，在美期间经常有朋友请他帮忙代购母婴用品。张晓军发现，当时中国母婴消费者对国货品牌不放心，而国外品牌满足了他们对安全性的背书。

出于专业习惯，张晓军研究了国外婴幼儿护肤产品的成分。结果发现，由于气候环境、养育习惯、饮食习惯等差异，国内外宝宝的肤质不尽相同，国外品牌的产品并不一定适合中国宝宝。

"为什么我们不能有更适合自己的母婴护理品牌呢？"在与朋友的沟通中，张晓军获悉中国婴幼儿的湿疹现象比较普遍，国内市场上缺少真正安全有效的洗护产品，而他代购回来的国外品牌，也未能缓解朋友宝宝的湿疹问题。于是，他萌生了创业的念头，要做专为中国宝宝研发的安全有效的产品。

2014 年，张晓军创立婴童洗护品牌"夏茵 Shine's"。他与合伙人一起投入了 200 万元资金后，终于做出了产品，并在当时最盛行的微信公众号进行推广，但未能激起任何浪花。"我们对产品比较严谨，但对消费市场、渠道、营销，甚至管理都不太熟悉。"张晓军反思，"除了初创团队缺乏经验，更重要的是，当时国内母婴市场环境不成熟，宝妈们更相信国外大品牌，对国产新品牌的接受度比较低。"

2016 年，张晓军的第一次创业正式宣告失败。

二次创业成立戴可思

张晓军"专为中国宝宝研发"的初衷并未改变，他打算继续从解决婴幼儿湿疹护理问题切入市场，但很快就听到了质疑声。

一方面，中国宝妈为婴幼儿选择产品时，出于对产品安全的要求，通常会购买国外大品牌的产品，很难说服她们尝试国产新品牌。另一方面，与成人护肤市场相比，婴幼儿护肤市场太小，若在狭小的婴幼儿护肤市场中进一步聚焦湿疹护理问题，潜在市场将进一步缩小。

张晓军深知，对每一位妈妈而言，养育新生儿是一件充满未知和冒险的事情，给宝宝的用品容不得一丝差错。他希望可以为她们提供更适合中国家庭育儿习惯和婴幼儿肤质的产品，"较真"的张晓军坚持要把这件事做下去。

首款产品：金盏花面霜

婴幼儿皮肤角质层薄，皮肤屏障发育不完全，对外界环境变化比较敏感，容易出现湿疹、过敏等皮肤问题，需要使用一些婴幼儿专用的护肤品舒缓修复；同时，这些护肤品也要避免掺杂香精香料、防腐剂等成分，防止对婴幼儿皮肤造成刺激或者过敏。因此，婴幼儿产品对原料和配方的要求都非常高，专业性极强。

为了满足婴幼儿"挑剔"的皮肤，张晓军从一开始就向团队明确，所有产品必须同时满足两大诉求：一是安全，二是功效。他指出，所有产品都应该在"安全"和"对婴幼儿敏感肌肤友好"的基础上进行研发和创新。

就像年轻妈妈精心呵护宝宝，张晓军也对产品的每一项成分"较真"。他没有效仿一些新兴品牌使用代工厂现有配方或者全程使用原始设计制造商（Original Design Manufacturer，ODM）模式，而是选择与江南大学化妆品创新中心合作，自主研发配方体系。

针对产品成分，张晓军提出了"安全""有效""天然"三大要求。为了满足这些要求，张晓军团队花了一年多时间寻找解决方案。最终他们发现，金盏花含有多种天然活性成分，具有很好的消炎抑菌、舒缓疗愈的功效。

为了找到能真正产生功效的金盏花活性物原料，张晓军团队在全球范围内溯源原材料，找了四五十家海外供应商，又从中筛选符合更高标准的金盏花原料，最终锁定德国 CLR 和美国 Active Organics 两家世界知名原料成分供应商。[⊖]

由于提取工艺、保存等原因，植物提取物中可能会引入刺激性溶剂或防腐剂。为了最大限度地避免原料中带有防腐剂成分，张晓军团队花了近半年时间与原料供应商协商，要求其采用冷压萃取工艺，以确保金盏花浓度高于市场平均值，并且更加纯净安全。[⊖]

为了让产品更加温和，张晓军坚持不添加任何香精香料——尽管这会让产品闻起来不讨喜。

功夫不负有心人，张晓军最终开发出了以金盏花为核心成分，无香精、防腐剂、色素和激素等刺激性成分的产品——婴幼儿金盏花护理面霜。

戴可思品牌：寓意守护

金盏花护理面霜研发成功后，2017 年 6 月张晓军成立了无锡戴可思生物科技有限公司，并创立品牌"戴可思"。

戴可思，源于张晓军的英文名 Dexter。在古英语中，Dexter 既表示"右边"，又有"幸运"的意思，而这正是戴可思的品牌心

⊖ 王卓霖，《郭晶晶代言的新品牌，一年营收 7 亿，拿下天猫类目第一》，天下网商。

⊖ 母婴行业观察，《牵手郭晶晶讲述"较真"态度，戴可思蓄力品牌升级》，今日头条。

愿：守护相遇、守护幸运、温柔守护每一位中国宝宝。

"较真"的态度是张晓军创立戴可思的原动力。张晓军希望戴可思能够替妈妈去"较真"，做比妈妈更"较真"的品牌，成为专门解决困扰中国宝宝肌肤问题的第一护理品牌。

寂寂无闻到一夜爆火

业绩惨淡

2017年底，戴可思婴幼儿金盏花护理面霜的首批产品生产出来了，通过淘宝、母婴内容和电商平台宝宝树以及红孩子线下门店等渠道销售。2018年初，京东POP店[○]正式上线。彼时，贝贝网、蜜芽、宝宝树等母婴垂直平台非常火爆，戴可思紧跟潮流，与母婴平台深度合作推广新产品。此外，还尝试了公众号、小红书、淘宝直播等传播途径。2018年10月，戴可思的天猫旗舰店（简称"天猫店"）也正式上线了。

2018年底，戴可思拿到了一笔融资。张晓军回忆："拿到融资时，已经过了'双十一'，错过了一次好机会。"引入资本后，戴可思进一步完善公司管理机制和财务架构，并继续投入研发，相继推出了金盏花特润霜、金盏花润肤油、金盏花液体爽身粉等产品。

一直到2019年7月，戴可思的销量没有任何起色。作为主要销售渠道的天猫店，月均销售额仅10万元左右。由于业绩未达

○ Platform Open Plan，指商家以第三方形式入驻开店。

预期，个别投资人要求撤资，戴可思一下子陷入了"绝境"。

8 月，张晓军去了趟北京，与在抖音工作的朋友聊了聊。抖音是一个短视频社交平台，彼时成立接近三年，日活用户已经达到 3.2 亿。抖音通过算法推荐内容，向用户推荐用户喜欢且高质量的内容，越火的视频越可能被推荐，可以在短时间内获取大量用户的关注，容易产生"爆款"。

张晓军了解到，当时抖音正在探索电商业务，上线了"购物车""商品橱窗"等工具，以短视频的形式为淘宝等第三方平台带货[一]，便把戴可思的推广方案给了朋友。未抱任何希望的张晓军，聊完之后便出发去自驾游了。

绝处逢生

朋友把戴可思方案推荐给了两位抖音博主。一位博主有三万多粉丝，在抖音发布戴可思种草视频后，戴可思天猫店当日销售额一下子突破了 20 万元。另一位博主有十几万粉丝，也立刻带来了超过 30 万元的销售额。

"从西藏回来的路上，手机里面一直弹出天猫店的交易信息，后来知道是朋友帮戴可思做的抖音视频火了，那一晚上，天猫店就有十几万的成交量。"张晓军很肯定，"我知道，转机来了！"[二]

见证了抖音强大的带货能力后，戴可思迅速与达人孵化机构彦祖文化达成合作，借助彦祖文化的母婴达人矩阵，集中投放抖

───────────

　　[一]　习睿、曹杰，《抖音电商成立，内容电商迎来新竞合格局》，腾讯网。
　　[二]　华诚煜，《张晓军：月销 10 万到 1000 万，戴可思逆袭的背后》，创客无锡。

音关键意见领袖（Key Opinion Leader，KOL）和关键意见消费者（Key Opinion Consumer，KOC）。

婴幼儿产品与其他品类不同，对安全性要求极高。戴可思一方面与老爸测评、丁香医生、年糕妈妈、小小包麻麻等测评机构、科普机构以及头部达人合作，通过头部 KOL 做高信任背书；另一方面调动大量母婴 KOC 种草，请她们每天在抖音分享护理宝宝过程中遇到的问题以及使用的产品，并着重强调产品的成分和功效。

张晓军介绍，与 KOL 相比，母婴 KOC 的粉丝不多，通常只有 3 万～ 5 万，但粉丝黏性很高，再加上抖音的推荐算法机制，种草视频能够直接触达母婴群体。

"就像完美日记抓住了小红书的流量红利，我们抓住了抖音的流量红利。"2019 年 8 月，戴可思的销售额一下子增长到 100 万元，9 月超过 300 万元，10 月逼近 600 万元，"双十一"当天达到 1 000 万元左右。

2019 年，张晓军不仅还掉了投资人的钱，还实现了盈利。

复盘总结

通过复盘，张晓军发现，2014 年的夏茵 Shine's 和 2019 年突然爆火的戴可思，其实面对了两波不同的母婴消费者。2014 年，"85 后""90 后"的女性开始当妈妈，她们倾向于给宝宝买质量最好、性价比最高的东西，非常看重品牌背书；而到了 2019 年，"90 后"甚至"95 后"成为母婴消费主力，她们的文化水平和经济实力有了显著提升，追求高品质，大多是"成分党"，提倡科学育儿理念，育儿方式更加精细化，对产品价格相对不敏感。

此外，张晓军分析，过去母婴产品以满足大众基本需求为主，品牌集中度较高。而近几年抖音、小红书等平台的兴起，为新品牌创造了更多被消费者看见的机会。他指出，传统母婴品牌大多选择综艺冠名、广告投放等方式传播，2019 年下半年的时候，在抖音上做得比较好的品牌就是 Baby Care 和戴可思。

纵观母婴市场发展历程，艾瑞咨询认为中国母婴市场从 2019 年开始进入了新消费时期。新消费主要有"三新"：一是新渠道，母婴渠道、内容社交渠道、电商渠道相互协同，成为母婴市场主要渠道；二是新人群，"90 后""95 后"成为消费主力；三是新产品，新一代母婴群体对品质生活的追求，带动母婴品类升级，新品类、新品牌不断涌现。[⊖]

出圈之后，继续沉淀

戴可思的出圈，颠覆了中国母婴中高端消费者难以接受本土品牌的认知。张晓军认为这只是一个起点，早期通过营销和投放起量的新兴品牌，长期来看如何与传统大品牌竞争，还需要进一步沉淀。

张晓军认为："戴可思首先需要突破产品瓶颈，把擅长的事做得更专业，在更加细分的品类中进一步寻找新的增长点；同时也要积蓄品牌力量，让自己有实力面对今后更激烈的市场竞争。"

⊖ 艾瑞咨询，《中国母婴新消费白皮书》，艾瑞网。

产品矩阵：做细与做宽

细分化与精准化

随着"成分党""功效党"母婴消费者的增多，婴幼儿洗护产品的创新也愈加细分化和精准化。围绕不同使用场景，洗护产品通常区分为护肤、洗浴、驱蚊止痒、口腔护理、洗涤等类别；大类之下，根据干性与过敏不同肤质、面部与身体不同部位、春夏与秋冬不同季节等，又不断细化出具有不同护理功能的产品。

与之相适应，本土母婴洗护品牌青蛙王子主打"细分护理更专业"；本土新锐品牌红色小象亦提出分年龄、分区域、分步骤精细化儿童护肤的理念。目前，强生、青蛙王子、红色小象等主流品牌对婴幼儿洗护场景基本进行了全覆盖，涉及面霜、润肤乳、护臀膏、爽身粉、润肤油、洗浴、清洁、防晒、驱蚊、湿巾等产品。

2020 年初，戴可思只有 6 个 SKU，包括金盏花系列的护理面霜、特润霜、润肤油、液体爽身粉等。之后，戴可思陆续推出了金盏花身体乳、金盏花爽肤露、护臀膏、派卡瑞丁驱蚊喷雾、金盏花洗发露、金盏花沐浴露、婴儿护唇膏等产品，不断完善细分品类。截至 2022 年 8 月，戴可思的 SKU 已经达到 35 个。

此外，戴可思还研究了一万多个中国宝宝家庭的案例，针对南北气候差异，研发了具有不同滋润度的金盏花护理面霜和金盏花特润霜，以及对敏感肌肤友好的舒润特护面霜。针对宝宝的红屁屁问题，戴可思亦研发了两款产品，其中，添加 13% 氧化锌的护臀膏，用于隔离预护；添加 25% 氧化锌的护臀霜，用于舒缓修护。

植物成分受欢迎

数据分析公司尼尔森的研究报告指出，"成分党""功能党"等新一代母婴群体崛起，驱动了母婴洗护品类的快速增长，具有抗过敏、抑菌、保湿等功效的婴幼儿洗护产品增速远高于单一功能的产品。从市场反馈看，通常添加木瓜、芦荟、洋甘菊、金盏花、牛油果等植物精华的母婴洗护产品更受欢迎。

据不完全统计，强生仅一款婴儿面霜就推出了天然舒润、燕麦、多肽牛奶、牛油果精化等不同系列；青蛙王子也相继推出小麦胚芽、山茶油等系列产品；红色小象则研制了益生元南极冰藻霜、90 安心霜（含 9 种全绿成分，0 添加 4700+ 争议成分）等单品。[⊖]

目前，戴可思的主打产品仍是"金盏花系列"。此外，针对宝妈们普遍担心的驱蚊水安全性问题，戴可思在驱蚊产品中添加了国际公认安全有效的驱蚊活性成分——派卡瑞丁，推出了不添加植物精油、不含避蚊胺、不添加任何芳香剂的派卡瑞丁驱蚊喷雾。

延展用户周期

狭义的母婴群体包括 0 ~ 3 岁的婴幼儿和孕妇，广义的还包括 3 ~ 12 岁的儿童。母婴群体比较特殊，0 ~ 3 岁婴幼儿的皮肤很脆弱，3 岁儿童的皮肤开始逐渐成熟，6 岁左右儿童的皮肤结构基本成熟，而孕期妇女通常会肌肤敏感、面部干燥，甚至出现色斑、妊娠纹等问题，若使用普通护肤品或者化妆品可能会对宝宝产生刺激。因此，整个母婴群体都对护理用品的安全、功效、专

⊖　中国质量新闻网，《持续破局争先，红色小象从简定义宝宝洗护安心新标准》。

业性提出了很高的要求。

目前，强生的婴童洗护产品主要针对 0 ～ 12 岁婴童群体，并进一步区分为新生儿、婴儿和儿童；青蛙王子覆盖 0 ～ 3 岁婴幼儿和 3 ～ 12 岁儿童，并区分男童和女童；红色小象覆盖 0 ～ 3 岁婴幼儿、3 岁及以上儿童和 12 岁及以上儿童，并针对孕妈群体推出了洗浴、护肤、护理、面膜、彩妆、防晒等产品。

戴可思成立初始，主要研制面向 0 ～ 3 岁婴幼儿的洗护产品。2020 年开始，戴可思从三个方面拓宽品类：一是延长用户生命周期，推出面向 3 岁及以上儿童的洗护产品；二是聚焦家庭洗护场景，推出驱蚊喷雾、婴儿湿巾、婴幼儿酵素洗衣液、奶瓶果蔬清洗剂、儿童护齿牙膏等日用家清系列产品；三是针对孕妈群体，推出舒纹滋养精华油和护手霜。

洞察用户需求

很多曾经红极一时的品牌，后来逐渐没落了，张晓军认为一个核心原因是缺乏持续稳定的产品创新，跟不上时代的步伐。张晓军强调，产品创新不能为了创新而创新，关键在于洞察用户需求、为客户解决问题。

戴可思的外观设计十分简洁，白色包装配上蓝色字体，没有添加多余的幼龄元素。张晓军解释，希望大家把注意力放在产品身上，通过产品品质与客户保持沟通。

为了解决传统爽身粉的飞粉问题，戴可思将爽身粉升级为乳液质地；为照顾到不同年龄阶段宝宝的需求，对于 0 ～ 3 岁婴幼儿沐浴露，戴可思采用压泵设计，方便妈妈单手按压；3 岁以上幼儿洗浴产品则增加故事性与趣味性，与小王子 IP 联名；为了帮助宝宝爱上洗手，戴可思为洗手液设计了可爱的花朵造型……

根据 2022 年母婴行业洞察报告，消费者选择母婴洗护产品时，最看重的三大因素依次是安全性、功效和成分。戴可思也一直将"安全"放在首位，所有产品上市前，戴可思都会邀请第三方机构进行检测验证。除了常规的微生物菌群、重金属检测外，还会针对妈妈们担心的激素、防腐剂进行专项测试，确保产品的保湿功效、舒缓功效、驱蚊功效都有数据支撑。

种草营销：声量与销量

扩大种草投放

随着综合电商平台、内容平台以及短视频平台的商业化程度不断成熟，"种草"已经成为品牌营销的重要组成部分。根据尼尔森、母婴研究院等机构的调查，母婴消费者选购婴幼儿产品时，主要依据医护、育儿专家等权威人士的专业推荐，达人或者亲朋好友的口碑推荐，电商平台产品信息以及买家评论等信息，做出消费决策。就种草内容而言，短视频是最受欢迎的推荐形式，通常简单易懂、图文结合、权威推荐、严谨科学以及真实测评类内容更受认可。

早期，戴可思主要在抖音平台种草，种草方式以专业背书和测评为主。许多 KOL 不仅具有专业背书功能，还有良好的带货能力；数百位母婴KOC则实现了流量的精准触达。

随着抖音电商逐渐发展成形，抖音从"种草引流"平台转向"种草+销售"渠道。2020年12月，戴可思注册了抖音小店，开始做抖音店播。戴可思的抖音小店共有12位主播，目前月均GMV突破1 500万元。此外，戴可思产品也多次走进明星KOL的直播间。在抖音渠道，戴可思逐渐形成了"达人短视频+店播+进主播直播间"的布局。

作为内容社区平台，小红书的种草价值也颇受品牌的肯定。抖音以短视频为主，以算法推荐驱动，日活用户约7亿，覆盖各个年龄层；小红书主推日常分享与种草，以内容价值驱动，日活用户超1亿，呈年轻化趋势，且以女性为主。更重要的是，用户在抖音以无意识浏览、休闲解压为主；而打开小红书通常带有一定的目标感、会有意识地去发现。

2021年开始，戴可思加大了在小红书的种草投放力度。在小红书的投放内容以婴幼儿护理痛点、育儿知识科普、测评类笔记以及产品种草为主，不断铺设品牌声量。截至2022年8月，戴可思的小红书日记数量总体超过9 000。

为了扩大品牌声量，戴可思还开通了微博、微信公众号、B站等账号；与小王子IP联名；运营私域流量（目前已有超过10万私域用户）……

传递品牌态度

"很多人通过种草、测评或者朋友推荐知道我们的产品，但对于戴可思品牌没有固定的认知。"张晓军希望能向用户传达更深层次的品牌内容和情感价值，从一个"挺好用"的产品成长为一个"被喜爱"的品牌。

2022 年 1 月，奥运冠军郭晶晶成为戴可思品牌的最新代言人。作为奥运跳水冠军，郭晶晶深抠每一个动作细节；作为 3 个孩子的妈妈，郭晶晶关注孩子的每一个生活细节——戴可思希望通过郭晶晶向公众传递品牌"较真"的态度。

同时，戴可思还发起了微博话题"郭晶晶的 10 000 个担心"，引发年轻妈妈们的共鸣。戴可思则以"10 000 次较真"回应妈妈们的"10 000 个担心"，承诺比妈妈们更关注产品的安全性。

铺设销售渠道

邀请名人代言，可以让更多消费群体"看见"戴可思，而打通线上、线下全销售渠道则让消费者更容易"获得"戴可思。

目前，戴可思已经形成线上自营、线上分销、线下 KA（Key Account）、线下经销四大销售渠道。线上自营渠道包括天猫店、京东 POP 店、抖音小店、快手小店等；线上分销渠道包括天猫超市、京东自营等；线下 KA 渠道覆盖孩子王、爱婴室等知名连锁品牌，截至 2022 年 8 月，戴可思已经与 500 多家孩子王门店建立了合作关系，有超过 100 位驻店导购员和业务经理；线下分销主要由母婴店代理，截至 2022 年 8 月，与戴可思合作的线下母婴店达 20 000 多家。

张晓军很清楚，尽管铺设了相对全面的线上、线下销售渠道，但现阶段仅仅依靠品牌广告，消费者并不会买单，还需要在持续的效果广告的加持下，才能继续在销量上有所突破。

2020年戴可思GMV达到1亿元，2021年突破7亿元。戴可思的销售收入主要来自线上自营渠道，占比超过80%，其中天猫店收入最高，约占50%；抖音小店增速最快，从2020年的7%增长到2021年的18%。另有约5%的收入来自线下KA渠道。

尽管GMV突飞猛进，但高额的营销费用，使得戴可思目前的盈利能力仍然较弱。在营销费用这一块，2021年，戴可思投放的品牌建设、种草推广等品牌类广告费用约占5%；在天猫、抖音等渠道投放的效果广告费用约占45%。

能否继续突围

短短四年多的时间，戴可思以一串串爆发式增长数据迅速出圈，跻身中国母婴洗护市场头部阵营，证明了本土品牌在中国母婴中高端消费市场也可以拥有一席之地。不仅吸引了海龟爸爸、兔头妈妈等新兴婴童品牌，也迎来薇诺娜、丸美等成人护肤品牌纷纷切入婴童赛道。

论新品牌火箭般的出圈速度，戴可思绝非个例。近年来，很多新兴品牌通过内容种草、直播带货或者短视频推荐等方式抢占流量，获得了比传统品牌更快的增长速度。然而，除了一些强劲的头部品牌，大部分新消费品牌的处境并不乐观。由于激烈的市场竞争、流量红利消失、品牌力弱等问题，一些新消费品牌正如潮水般退去。张晓军指出："任何事物经过野蛮生长期、普涨期之后，都会走向分化，只有真正有价值的才能继续前进。"

对戴可思而言，目前至少面临以下挑战。

第一，"母婴洗护"赛道市场竞争加剧，如何应对新老选手的围追堵截？

过去几年，社交媒体的爆发给新兴母婴洗护品牌提供了弯道超车的机会。2020 年中国母婴洗护市场 CR10⊖为 30.1%，与 2011 年的 59.2% 相比，下降了近一半；市场份额最高的分别是强生（5.8%）、红色小象（4.1%）和青蛙王子（3.7%）。⊖此外，艾媒咨询数据显示，2021 年我国母婴市场规模 4.78 万亿元，预计 2024 年将达 7.63 万亿元。⊜

总体来看，我国母婴洗护市场前景非常广阔。但目前传统品牌与新兴品牌共存，市场格局整体呈分散趋势，新品牌发展强劲，不断冲击原有市场格局，传统头部品牌市场份额被稀释，品类领导品牌不明显，未来竞争可能会进一步加剧。

对戴可思这类新兴品牌而言，市场机会很大，但挑战与竞争也不容小觑。⊗

⊖ Concentration Ratio10，指业务规模前十名公司所占的市场份额。

⊖ 智研咨询，《2021 年中国母婴洗护行业市场规模及市场竞争格局分析：市场规模达 284.41 亿元》。

⊜ 艾媒咨询，《2020 年 11-12 月中国母婴行业月度运行及年终盘点数据监测报告》，财经头条。

⊗ 王卓霖，《郭晶晶代言的新品牌，一年营收 7 亿，拿下天猫类目第一》，天下网商。

第二，如何扩充品类，避免对单一产品的依赖？

目前，戴可思主打产品为金盏花系列的婴幼儿面霜、润肤霜、润肤油及爽身粉，2021年TOP5的SKU产品GMV接近50%，其中金盏花护理面霜和特润霜GMV占比超过30%。

与强生、青蛙王子以及红色小象等竞争对手相比，戴可思的产品系列明显偏少，且高度依赖单一产品，未来品牌如何多元化、如何扩充品类，并且避免产品同质化，需要戴可思对用户价值进行深度思考。

张晓军认为，抖音也好，渠道也罢，都是容易学习和模仿的，但产品创新和供应链等核心竞争优势是很难学到的。

在起步阶段，戴可思没有能力搭建庞大的科学家团队和生产基础设施。现在，戴可思已经在建设自己的研发基地和生产基地，即将投入使用，初步形成了集研发、生产、销售于一体的产业链。尤其在研发方面，"强生曾经说过，中国90%以上与婴幼儿皮肤相关的论文都是强生发布的。"张晓军希望，"未来五年，有一半与中国宝宝皮肤相关的研究都是戴可思参与设计或者研究的。"

第三，如何提升品牌力，避免陷入"增收不增利"怪圈？

BCG（波士顿咨询）和小红书发布的《2021中国新消费市场洞察报告》指出，新消费品牌的半年复购率大多低于20%，超过75%的消费者更认可单品而非品牌。随着产品不断细分、功能越来越同质化，消费者的产品忠诚度和品牌忠诚度都会越来越低。

为了增加销售额，新消费品牌不得不扩大营销投入，高额的营销费用会造成沉重的成本负担。更重要的是，随着营销转化率的下降，新消费品牌很容易陷入"高营销—高营收—难赚钱"的怪圈。

目前，戴可思的品牌力仍然不强，未来能否提升品牌力，不仅关系着创收和盈利能力的提高，更决定着戴可思能够走多远。随着流量红利期与婴童洗护行业普涨期逐渐逝去，张晓军希望："戴可思拥有更广阔的空间去打磨产品和沉淀品牌，让消费者和市场进一步看到我们的品牌基因和产品价值。"

张晓军的心愿是："每个家庭在宝宝刚出生时，第一个想到的品牌就是戴可思，这样我们就能够陪伴一代又一代的用户一直走下去。"

第 6 章

霸蛮科技

打破餐饮的边界[⊖]

　　将时钟拨回 2017 年底，那时霸蛮联合创始人及 CEO 张天一每天起床的第一件事，就是查看公司的现金流和库存情况。自大力拓展霸蛮零售产品线以来，库存在短短几个月内就飙升到了一个惊人的数字，给公司现金流造成巨大压力，让他很是头疼："原来做餐饮是不需要关注库存和现金流的，我们的现金流非常好，但是做了零售，这问题就跟着来了……"

　　再回顾 2014 年创业时，张天一和他的霸蛮[⊜]是不折不扣的网

　　⊖　本案例作者为中欧国际工商学院赵先德教授，案例研究员阮丽旸，研究助理王良（于 2019 年 9 月共同撰写，数据截至 2019 年 9 月）。在写作过程中得到了北京霸蛮科技有限公司的支持，并参考了现有公开信息及企业授权资料（均已在文中注明）。

　　⊜　原用名"伏牛堂"，2018 年 4 月更名为"霸蛮"，这个湖南方言的意思是"死磕不服输"。

红——"'90后'北大硕士跑去卖米粉"引发了广泛的社会关注，成为网上热议的话题。凭借"正宗湖南牛肉粉""硕士粉""学霸粉"等爆品和互联网社群运营的创新策略，霸蛮赢得了多家投资人的青睐（见表6-1）。自此的三年多时间里，黄太吉、雕爷牛腩等许多与霸蛮同时期的网红品牌逐渐淡出人们的视线，而霸蛮则在慢慢蜕变，从"做网红"到潜心修炼内功、提升运营能力，并进一步尝试打破传统餐饮门店的时空界限，向外卖、鲜食和零售业务延伸。在团队和合作伙伴的努力下，各条业务线都有不错的增长，并且业务线之间也开始出现张天一口中"立体作战"式的协同，形成了多元化、相互促进的收入来源矩阵。

表 6-1 霸蛮（伏牛堂）融资情况

时间	轮次	金额（元）	投资方
2014 年 5 月	种子	100 万	险峰长青
2014 年 8 月	天使	100 万	IDG/ 真格基金
2015 年 7 月	A	1 000 万	分享投资 / 青骢资本 / 鼎天投资
2015 年 12 月	A+	1 700 万	分享投资领投 / 丰厚资本等跟投
2018 年 4 月	B	数千万	森马投资领投等

资料来源：翼玉洁. 伏牛堂升级更名为霸蛮，并宣布完成 B 轮数千万融资. 亿欧.

但就在零售业务驶上快车道后不久，开篇中的小插曲就发生了。从这次库存"爆仓"事件中，张天一意识到零售业务的供应链和餐饮门店相比，其规模和复杂度完全不在同一个量级。回顾那段经历，张天一认为，霸蛮在创业前期的探索中建立了一个还算相对不错的"餐饮 + 零售"商业模式，跑通了基本的门店和零售业务模型，树立了独特的品牌形象，这些固然是里程碑式的成功,但一个商业模式要想真正做到规模化,实现可持续发展,"**特别是对于我们做实体的,供应链非常重要,而管理好供应链的能力则更加重要**"。

霸蛮的起步

2014 年初,即将法学硕士毕业的张天一找到一份机关单位的工作,面对即将到来的循规蹈矩的生活,骨子里爱折腾的他有些犹豫。于是,他和三个志同道合的好友一起凑了 15 万元钱,走上了创业之路。在大学本科时期,张天一就曾经营过两家小餐馆,有过开店经验,这一次,他希望做点不一样的东西。

坚持"正宗"定位

2014 年前后,互联网思维开始渗透到餐饮业,出现了许多靠营销快速崛起的"网红"餐饮品牌,如"开豪车送煎饼"的黄太吉、"500 万元买食神绝密配方"的雕爷牛腩等。张天一也在寻找餐饮和互联网思维之间的融合与平衡:有没有一种容易标准化和快速复制,同时也能代表相当一部分人的口味的食物?

张天一很快想到了家乡湖南的牛肉米粉。身为湖南常德人的他在北京求学期间,发现在偌大的北京竟很难吃到正宗的湖南牛肉粉。既然北京有几十万湖南人,那他们可能和自己一样思念着家乡的味道。再仔细一琢磨,张天一更坚定了这一想法:做一碗地道的湖南牛肉粉,主要的功夫是在前期,虽然牛肉和牛骨汤这些需要花 10 小时以上提前炖煮熬制,但在现场操作环节,从煮

粉、加浇头到出餐不过 30 秒，似乎并没有那么难。但他也很快
意识到其中的风险：只有南方水稻产区才会将米粉作为主食，北
方没有吃米粉的习惯，提到米粉，很多人首先想到的是婴儿辅食。
正宗的湖南口味又辛辣重口，不见得会得到普遍接受。在大多数
人看来，湖南米粉要想在北京生存必须改良得清淡一些，不那么
重口味。

　　但张天一还是决定一试，要开就开一家正宗的湖南米粉店。
"用户为什么要消费一个湖南品牌？就是因为觉得足够辣、味道足
够醇厚，改良就把消费者购买的理由否掉了。"[⊖]这一方面是出于他
本人的湖南情怀，但更重要的考量是要找到差异化的定位。在他
看来，一家口味平淡无奇的米粉店充其量就是个小吃店。北京的
人口那么多，光是湖南人就有 70 万（当时的数据），爱吃辣的人
实际上会更多。与其让大众都觉得 OK，不如通过特色鲜明的米粉
让一部分人觉得惊喜，这些人也许就够养活这个生意了。

　　在坚持正宗的同时，张天一也并不钻牛角尖。湖南米粉细分
起来有七八种不同的地方特色，而张天一只做一种常德口味的湖
南牛肉粉，因为这对于消费者的认知就够了，分得更细没有必要。
"当时湖南米粉在北京还是一个很小的品类，这几年越来越多的人
接受了……很多企业喜欢谈定位，但其实很多品类是伪品类。因
为对大多数消费者而言，不管是常德米粉还是衡阳米粉，都是一
样的，这两个品类在他们心中都不存在，是商家自己定义了这些
品类。"

⊖　宓子惠，《霸蛮创始人张天一：一碗湖南粉，唆出仪式感》，亿欧。

把"正宗"标准化

2014 年 2 月初，张天一和朋友回到常德，尝遍了大街小巷的每一家米粉店。经历了软磨硬泡后，他们终于得到师傅亲传的牛肉汤料配方。为了追求精准和日后的可复制，张天一决定做一件事：量化这个行业自古以来的经验方子。他们用小秤反复称量每一种配料的分量，琢磨"适量""少许"这些描述背后的数量关系，此外还通过常德餐饮协会邀请当地最有名的几家米粉店主厨来不断试吃，最终开发出由 24 种调味料精准配比组成的香辛料包——霸蛮牛肉粉最核心的商业机密。

这种标准和量化的思维在霸蛮早期的经营和日后的扩张中都发挥了重要的作用。一方面，在创业初期可以保证每一碗牛肉粉做出来都是同样优质的口味；另一方面，随着业务量的扩大，霸蛮逐渐将香辛料包交给供应商去规模化生产时，可以在保证标准化产出的同时有效保护商业机密，这是通过将香辛料包拆分给不同的供应商，每家供应商只生产特定配比的几种调味料来实现的——这只有在标准化、量化的产品体系下才能实现。不局限于香辛料包，张天一也将这种标准化和量化的思维应用于组成牛肉粉的其他原材料上，例如带筋肉骨熬汤不少于 5 小时，米粉只用直链淀粉含量不少于 25% 的早稻籼米，牛肉粉辣度指数（SHU）不低于 399 等。

社群运营：让米粉变身"网红"

作为初创公司，资源和精力有限，应该用在自己最擅长且最关键的地方。当时的张天一认为餐饮这个行业有大量可选择的供应商，例如牛肉的中央厨房生产与配送已经有成熟的供应商，以后生意做大了可以直接大批量采购；生意小的时候自己进货自己煮就行，只要有了核心配方，"供应链这些不是问题"。关键的问题是：流量哪里来？品牌怎么建？如何把自己钻研出来的正宗口味让喜欢它的人知道，让他们来消费和传播？2014 年 4 月 4 日，霸蛮的第一家门店正式开业。受资金限制，这家店开在北京环球金融中心负一层一个不起眼的角落里⊖。之后的几家门店也都选在成本较低的非黄金地段。在选址不占优势、自然流量较低的情况下，如何抢到流量成为更加严峻的问题。

利用网络平台做社群运营，成为张天一另辟蹊径的法宝。在起步阶段，张天一找来一些朋友，在微博上按关键词"湖南＋北京"搜索用户，找到约 2 000 个粉丝数量在 1 000 人以上 5 000 人以下的用户（一般用户只有几百个粉丝）。这些人都是在京的湖南人，且在小圈子里都有一定影响力。张天一和朋友注册了许多微博账号，用这些账号对这些用户挨个加关注和发私信聊天，一来二去便熟络起来，然后再把这些人转移到微信群里。于是，霸蛮就有了作为"种子"的 2 000 人的粉丝社群，且这些人是在京湖南人中的"关键少数"。随后，张天一利用自身"科班生、文笔好"的优势，将创业经历和想法写成文章，发在微信群中，并通过社群成员的转发得到广泛传播。微信群里的人来自各行各业，他们成为霸蛮的宣传员，让霸蛮正宗湖南牛肉粉的名声迅速在北

⊖　张天一，《我为什么硕士毕业了卖米粉》，霸蛮官网。

京湖南人的圈子里传播，慕名而来的湖南老乡络绎不绝，他们品尝并认可之后，又进一步通过口碑传播带动了身边更多的人。此外，在京大学生的圈子也是重要客源。张天一利用高校湖南老乡会的资源，接触到北京 70 多所高校的湖南学生，大学生凭身份证件来店消费可以打折，从而让霸蛮又积累了一批前期用户。

在社群流量的作用下，第一家霸蛮门店很快盈利，两个月后便开出第二家门店。群里的一位记者还报道了张天一和他的创业故事，"硕士粉""学霸粉"等称号开始在网络媒体中传播，甚至被央视、BBC 等媒体报道，成为新网红餐饮的代表。有了网红身份的加持，顾客蜂拥而至，甚至有人专门从外地跑到北京来尝鲜。许多顾客品尝之后，即便并不觉得油辣重口的湖南牛肉粉好吃，也会发在朋友圈、微博等社交媒体上，口碑效应如滚雪球般越来越大。此外，还有许多高校邀请张天一作为大学生创业的代表去演讲，张天一借演讲的机会又扩大了社群规模。

随着社群规模的壮大，霸蛮专门成立了用户体验部，10 个成员每人负责几部手机，从早到晚运营几百个微信群。社群运营也不限于在线上聊天，霸蛮还有多样的线下活动，如聚会、观影等，进一步提升了社群的活跃度。彼时正是微信流量红利期，人们对微信群聊还比较热衷，霸蛮的社群得以迅速发展，2016 年巅峰时期规模达到上百万人。用户中 18 ～ 30 岁的占 75%，女性占 80%。根据这些年轻用户的喜好，霸蛮还推出了霸蛮版"深夜食堂""最辣牛肉粉挑战"等许多有创意的社群营销活动，吸引用户参与和互动，从而增加用户的情感认同。凭借逐渐建立的品牌形象，霸蛮也得以获得一定的品牌溢价，其牛肉粉的售价要稍高于同类产品。

2017 年之后，随着微信红利逐渐消退，很多微信群都陷入"僵死"状态，大多非核心用户并没有带来多少价值。因此，霸蛮逐渐清理了大部分不活跃的用户，最后将社群人数缩减到十几万人，这些都是复购频次高的核心用户。缩减后霸蛮只需要几个人来运营社群，注意力集中到核心用户上，与他们产生更多的深入交流。更重要的是，霸蛮会将这些核心用户的建议和反馈纳入产品开发和迭代中。例如，对于试研的新品，张天一会邀请一些核心用户来试吃，好不好吃、要不要上市让用户投票决定。一方面让霸蛮的新产品更符合市场需求，另一方面参与了这一过程的用户也会更倾向于认可霸蛮的新产品，更愿意主动帮霸蛮宣传，从而形成正向反馈。

对于社群的作用，张天一的理解是：与传统资讯传播中话语权掌握在媒体手上不同，如今麦克风掌握在每个人的手中。传统企业需要与记者维护好关系，从而让媒体对企业进行正面报道。而现在，则需要把用户当作记者，用公关部门的思路搭建社群体系。"用户是 somebody，而非 nobody。"⊖社群运营给霸蛮带来了大量低成本的流量，使其创立第一年就开出了 5 家门店，且每家店都保持不错的盈利。在 2015 年 7 月 A 轮融资时，霸蛮估值达到 2 亿元，这相对于 5 家店的规模而言已相当可观，而投资人看重的正是霸蛮的社群运营能力。张天一介绍："当时投资人和我

⊖ 《霸蛮（伏牛堂）创始人张天一：卖出 1 000 万份牛肉粉后的消费思考》，亿欧。

说，我觉得你现在还没想清楚你的商业模式，你的核心能力不一定是这5家店，可能是用户运营能力，这个能力等你想清楚模式之后会有一个爆发点。"

"餐饮零售化"的跨界创新

然而在此之后，随着门店数量的增加，张天一发现之前的做法渐渐有些吃力了。社群和"网红"热度似乎有它的"边界"：支撑几家门店的流量没有问题，可店的数量一多，单纯靠粉丝主动上门探店就难以支撑了。换言之，这类尝鲜和追求时尚特点的用户需求在一定数量级内是安全、稳定的，一旦超过了"边界"，需求就不再稳定。通过调查，张天一发现这个现象在业内并不罕见，甚至有句调侃的话叫"网红餐饮红不过三年"。诸如黄太吉、雕爷牛腩、小猪猪烧烤、赵小姐不等位、很高兴遇见你等红极一时的"网红"同行们大多陷入了这个怪圈，最后甚至关店、倒闭。霸蛮会是下一家吗？

据张天一回忆，一路凭借湖南情怀冲过来的他，在当时的节点上陷入了很深的思考：霸蛮这家企业的本质是什么，它究竟要满足怎样的需求。最终他得出的答案是：霸蛮，应该是一家卖牛肉粉的企业，满足用户持续吃牛肉粉的需求，也就是让牛肉粉成为用户日常餐食的选择，而不只是一个偶尔"打卡"的网红选择。而从少数人的时尚需求到多数人的日常需求，要转变这个价值主张，只能通过让顾客来店里吃米粉的方式实现吗？张天一的思路开始开阔：自己还可以有更多的选择。

第一步：打破门店的边界

以堂食为主的传统餐饮门店有着天然的时空限制。从时间维度上，大多数餐饮就只是做中午和晚上两个饭点的生意，火爆的时间段很多人可能排不上队就走了，冷清的时间段又没什么人来；从空间维度上，由于门店面积限制，翻台率再高也有上限。但这个行业也有做得好的，像麦当劳 24 小时餐厅这种极致的餐饮业态可以做到顾客想吃的时候都有吃的，使租金等固定支出得到最充分的利用。张天一认为牛肉粉这个品类虽然不像麦当劳这样适合所有时间，但至少中国南方许多地方有三餐都吃米粉的习惯，加上有的人晚上饿的时候想来点宵夜等，其实是有可能服务更多的时间段的，前提是在他们想吃的时候，能比较容易地吃到米粉。

沿着这个思路，2015 年起，霸蛮开始尝试突破传统餐饮门店的时空限制。第一步是通过外带和外卖，将门店的时空边界扩大到小时和公里——除了传统的饭点和堂食外，门店周边几公里的顾客也可以在办公室、家中享用早午餐和下午茶。这在今天看来是很平常的事，但在当时，绝大多数的粉面店都还没有外卖业务，因为粉面类食物久泡之后口感会大打折扣。为解决这个问题，霸蛮在业内率先重新设计了外卖的包装，通过隔离层把汤和粉分开，保证米粉的口感在一个小时内不受太大影响。

霸蛮前期积累的社群用户则在外卖的推广过程中发挥了重要的作用：很多用户没精力天天跑到店里去吃，但现在不用跑腿了，加班或在家休息的时候点个外卖，不出门就能吃到霸蛮牛肉粉，这解决了他们的痛点，很大程度上提高了复购率。凭借社群用户的基础，霸蛮很快做到了北京粉面类外卖单量第一。

第二步：打破餐饮的边界

虽然霸蛮在外卖业务上获得了先行者优势，但这本质上还是门店经营的延伸。有没有办法进一步打破门店的限制，让更多的人在无论何时何地都能吃上牛肉粉？张天一决定向新的领域——食品进军。这是基于以下几点考虑。首先，现代食品工业已经十分成熟，对于组成一碗牛肉粉的米粉、浇头、汤料包等原料，理论上都可以加工成可储放的量产型食品，而霸蛮从一开始的产品思路就是标准化的，具备规模化生产的基础。其次，这一想法也是根据社群用户的需求而来的：许多用户（特别是离店比较远的用户）对于点外卖还不满足，他们想像方便面一样想吃的时候就能煮来吃，这个需求一提出就得到了用户的广泛拥护。用户确实有这个需求，这是促使张天一最终下定决心的一个重要因素。

2016年，霸蛮先后推出了生鲜食品和预包装食品。生鲜食品的保质期为48小时，做法是先通过食品工厂生产半成品，再由冷链配送到北京各地便利店的冷柜中进行销售——这使产品的空间和时间的边界扩大到了天和几十公里。顾客想吃的时候，用微波炉加热2分钟即可食用。预包装食品的保质期长达120天，做法是由食品工厂生产出脱水干米粉、密封包装的原汤和大块牛肉、配套小菜等原料，用纸盒打包封装出厂后卖给全国各地的零售商——产品的空间和时间的边界进一步扩大到了年和全国。消费者买来囤在家里，想吃的时候煮上 8 ~ 10 分钟，就能享受一碗真材实料、口感与堂食相差无几的霸蛮牛肉粉。当然，售价也不便宜，当时每盒的价格在 20 元左右，比在店里吃要便宜一些，但明显要贵于方便面等方便食品。

　　虽说一分价钱一分货，但如何让消费者接受这类创新的食品？在新品推广上充当先锋的依然是社群用户，这是霸蛮在当时最有价值的资源，他们构成了霸蛮预包装食品在起步阶段的消费群体和支持者。以线上销售为例，霸蛮曾在京东众筹平台上发起一个新品预售项目，20 天内就有近 2 万人参与，筹集到近 50 万元，成为当年京东食品众筹最大的项目。霸蛮也将社群流量引导到在天猫开设的旗舰店，很快实现了月销售额从 0 到 100 万元的增长。一旦完成了起步，拥有了足够的销量和关注度后，后续的流量和销量也会自然发生。另外，对于把哪些口味的牛肉粉做成预包装食品，张天一也有仔细的考虑：第一，必须是在堂食和外卖阶段已经得到市场验证的"爆品"，推出预包装食品后相对不愁没人买；第二，在坚持湖南正宗口味的同时，也会推出诸如酸菜牛肉粉、田头菇炖老鸡粉等少量几款高品质但不辣的米粉，来迎合不能吃辣的消费者——这是规模化过程中必要的"妥协"。此外，霸蛮也寻求进一步在更广的人群中扩大品牌知名度，例如通过"霸蛮 × 一切"，与《百鸟朝凤》《喜欢你》等一系列当时流行的影视 IP 合作，以及推出霸蛮 T 恤等周边产品，形成高辨识度的品牌符号。

　　随着预包装食品销量的逐渐上升，霸蛮也在同步拓展销售渠道。除了在天猫、京东等主要电商平台开设旗舰店，以及给这些电商平台的自营业务供货外，在线下也逐渐拓展到盒马鲜生、华润万家、京东七鲜、美团、小象生鲜、BHG、麦德龙、家乐福等全国3 000多个商超。打破了餐饮的时空边界后，霸蛮有了更多样化的收入来源，实现了收入的加速增长。到2017年霸蛮虽只有13家门店，但店外收入已占其总收入的70%～80%，其中零售收入占40%以上，外带和外卖收入占30%以上。2018年初霸蛮获得B轮融资，估值达到5亿元。收入来源多元化正是投资人看重的点，对于一家餐饮企业，坪效是其最重要的运营指标，而以霸蛮的总收入来计算坪效，可以说相当可观，就像盒马鲜生坪效高的主要原因在于其一半以上的收入都来自线上。

"立体作战"

对于霸蛮堂食、外卖、零售的多业务形态，张天一有着自己的理解。首先，他认为这些业务是有先后次序的，也就是消费场景之间存在"因果链"。他用霸蛮和康师傅做了对比：霸蛮的多业态是先有门店、再有零售，用户先在门店消费过，建立了对霸蛮牛肉粉品质的认知，再看到超市和电商平台销售的预包装产品时，会认为这是霸蛮堂食和外卖牛肉粉的延伸，是"家庭里的米粉馆"，20元一盒是值这个价的，能够"煮出仪式感"来。相比之下，康师傅这类企业的多业态是先有零售、再有门店，用户先有了方便面优惠的认知，在店里吃20多元有肉有菜的牛肉面时，也总会觉得有点方便面味。

　　其次，也更重要的是这些业态之间的协同效应，喜欢军事的张天一将其比喻为"立体作战"——"空中部队"就是零售产品，"地面部队"就是门店业态。与擅长地面作战的传统餐饮企业相比，霸蛮的零售业务不仅极大地突破了门店的时空限制，扩大了霸蛮的"作战半径"（指业务覆盖范围），而且能够为霸蛮在新区域的门店扩张"保驾护航"。在这些新的区域中，由于有很多消费者已经在网上购买和吃过霸蛮的预包装食品，他们会更愿意走进霸蛮的线下门店去体验堂食，实现线上流量向线下的转化。而对于没有餐饮门店的传统食品零售品牌，由于受制于渠道商，它们往往需要投入大量的营销成本来做线下推广，有时在商场投放一个月广告可能需要几百万。相比之下，霸蛮的线下门店能够作为顾客触点，为零售业务的扩展提供"地面支援"。例如，霸蛮在门店的标准化设计中加入了预包装食品的展示空间（见图 6-1），顾客进店后可以直观看到这些产品，拿起来感受重量等"真材实料"的因素，并可以直接购买——转化为零售业务收入；除了现场购买外，店员也会给感兴趣的顾客推荐这些预包装食品的网上销售渠道，促进从线下流量到线上流量的进一步转化。在张天一看来，传统餐饮门店的一大痛点就是门店的人流量难以转化为更多业务收入，而传统电商的一大痛点是难以建立线下的触点和体验，"立体作战"的模式可谓是一个很好的协同解决方案。

　　近年来，数字化技术和小工具也开始在"立体作战"中发挥作用。以霸蛮的门店小程序为例，截至目前，这个小程序的点餐使用率已达到90%。与传统的点单相比，这个工具的优势在于可以把所有的用户和交易数据都记录到后台。有了这些信息后，霸蛮可以基于其社群运营的经验，为用户推送合适的优惠券，以及外卖、预包装产品的信息，引导用户前往电商、外卖平台等其他通道进行二次消费。

图6-1　霸蛮门店里的预包装产品展示

资料来源：企业提供。

展望未来，张天一对"立体作战"的蓝图充满信心。一方面，通过这种协同，门店和零售、线下和线上的业务将会相互促进，实现快速增长。另一方面，在有了多渠道多场景的数据后，霸蛮下一步还可以通过更多的数据分析来创造更多的价值。例如产品的研发和迭代，创业前期的做法是鼓励核心社群用户参与，今后可以在此基础上进一步结合线上大数据，做出更受欢迎的口味；例如门店的选址，目前还是以经验为主，今后也许可以结合线下流量大数据来做更精准的选址；例如营销，目前霸蛮还没有充分对用户的交易数据进行分析，未来可以尝试基于对这些数据的分析，针对不同用户的消费特点实现更精准的营销投放。

供应链的"阵痛"

零售品类的扩张

2017 年起，霸蛮开始对零售品类进行快速扩张。张天一当时的考虑主要有以下几点：第一，霸蛮最核心的优势是品牌和用户，从用户需求来看，牛肉粉只是湖南众多小吃中的一种，用户既然喜欢吃湖南牛肉粉，那也会想吃其他湖南小吃，这是自然而然的延伸；第二，当时霸蛮的门店已经在尝试卖一些作为配菜的湖南小吃，如臭豆腐、糖饺子等，也得到了顾客的欢迎和社群用户的点赞；第三，像臭豆腐这样的单品虽然便宜，但销量其实很大，仅淘宝上的臭豆腐全年销售额就能有 3 亿多，并且这个市场还非常散乱，没有一个大的零售品牌来统领这个品类。而霸蛮在当时已经有了一定的知名度，"霸蛮"二字又是典型的湖南方言，再卖其他湖南小吃时就有先天的品牌优势。张天一想到了小米的生态链，霸蛮也完全可以通过改造提升既有湖南小吃的工艺关联，再用霸蛮的品牌和渠道销售，获取 20%～30% 的品牌溢价。这不仅能让霸蛮的用户随时随地吃到更多种类的湖南小吃，也能给霸蛮带来更加多元化的收入来源，同时还能改善小吃行业"散、乱、差"的形象，可谓是一举三得。

在投资人的赞许下，张天一的团队开始从淘宝上找出年销售额超过 1 亿元，但良品铺子、三只松鼠等大零售品牌还没有涉及的湖南小吃品类，然后冠以霸蛮的品牌找工厂贴牌生产，几个月的时间就拓展了近 40 个零售 SKU。张天一的期望是每个单品每

年能带来 1 000 万元的销售额，那么 40 个 SKU 一年就能带来
4 亿～ 5 亿元的新增销售额，这相对于霸蛮 2017 年全年 1.5 亿元
的销售额来说是巨大的提升。

供应链该怎么管

想法虽然很好，但没过多久，张天一发现自己"爆仓"了。
这可是自打创业以来首次遇到的新鲜事，在原有的门店体系中，
即便有三四十个 SKU，库存也不是大问题，两三天就可以消化
掉。张天一回忆："2017 年底，我每天早上睁眼第一件事情就是看
现金流量表和库存。其实原来做餐饮是不需要关注库存和现金流
的，我们的现金流非常好。但做了零售就发现问题了。"

问题出在哪里？与餐饮产品相比，零售产品的组成要更细一
些，例如臭豆腐还分内包装袋和外包装袋；各个产品（如臭豆腐和
萝卜干）的原料之间也很少能复用，零售产品和门店产品的生产工
艺和流程也不一样，即便都是臭豆腐，也很少有供应商有能力同
时提供门店和零售的产品，这使得霸蛮供应链的复杂度急速攀升。

在零售行业，霸蛮当时的体量对于这个行业的供应商来说并
没有谈判优势，许多供应商都有最小采购量的要求，像臭豆腐这
样的产品一般都是 3 万个起订，响应速度也不快，而霸蛮新增了
过多的零售产品 SKU，分散了流量，销量一时又上不去，可能每
个产品月销量只有几千个，由此造成库存周转比较慢，周转天数
达到 60 天以上，这又进一步导致了大量的资金被占用，要靠餐饮
门店赚的钱去补贴零售部分。尽管销量还算平稳，利润表看起来

也还不错，但现金流出现了问题。

眼看着库存从 200 万元涨到 2 000 万元，张天一坐不住了，"账面看是赚钱了，可钱都变成库存了，这怎么行。"在他心中，供应链不再像创业前期那样"不是问题""外包就完事了"，而是变成了切切实实的问题。"如果管不好供应链，就算立体作战，也是很难做大的，到一定体量就会遇到瓶颈。"

话虽如此，可供应链要如何才能管好呢？

供应链的战略与定位

总体思维：抓住两端、协同中间

在食品行业，一碗牛肉粉从原材料到食客手中需要经历很长的链条，从上游的研发、寻源、采购和食品工厂生产，到下游的渠道、配送、客户服务等环节。霸蛮在这条供应链中扮演怎样的角色，决定了霸蛮的上下游伙伴是谁，以及用怎样的战略来管好供应链。经过复盘和深思熟虑，张天一决定将霸蛮定位为一家抓住两端、协同中间的品牌和虚拟生产商，其理由在于：在原料采购、中央厨房生产、物流配送等中间环节，行业中有很多比霸蛮专业得多的企业；而霸蛮创立至今，核心能力就是微笑曲线两端的产品研发、品牌建设和用户运营。从整条供应链的视角看，这是霸蛮真正能够为其他环节的玩家带来订单和长期生意的"优势点"，也是霸蛮在供应链中的立足之本——对于一家初创企业，你只有把自己"人无我有"的地方做到极致，能够给别人带来好处，别人才愿意跟你合作，你才有机会在供应链中产生影响力，而不是处处受制于人。在张天一看来，"我们的供应链定位类似于苹果公司在智能手机供应链中的角色，做好产品，服务好用户，中间的采购、生产等让更专业的人去做；但不同于简单外包，我们也在努力协同上下游合作伙伴，带动整个链条的效率提升。"

零售供应链：聚焦单品、提高效率

除了明确供应链的战略定位外，张天一的另外一个决定是对餐饮和零售两条供应链进行细分和差异化的梳理。这乍看与霸蛮"立体作战"的模式相悖，但其实是出于两个层面的考虑：当前的"立体作战"侧重的是两条业务线在用户端的相互引流；而供应链的细分是考虑到两条业务线中不同的供需特征，从而做出针对性的改善。

具体而言，对于零售供应链，霸蛮自 2018 年起明确了聚焦单品的战略，将 SKU 的数量由 2017 年底时的近 40 个缩减为不到 10 个最受欢迎的"爆品"，尽量不再迭代，在米粉的造型上也只做圆粉，不像在线下门店那样可以选择圆粉和宽粉。零售产品的每次迭代可能都需要更换物料、生产条码等，复杂程度远超过门店产品；再加上原料之间难以复用、供应商的最小起订量等因素，供应端的效率和稳定性都是比较低的；而众多的 SKU 在一定程度上分散了用户需求，拖慢了一些 SKU 的库存周转，2017 年底的库存积压也就不足为奇。在实施聚焦单品的战略之后，虽然 SKU 的数量减少、迭代变慢，但这些经过甄选的"爆品"的销量也更有保障，在加快库存周转速度的同时，也降低了供应端的复杂度和不确定性。而对于这些"爆品"的供应商，由于霸蛮的订货量随销量而增加，它们也可能给出更多折扣，并且更愿意配合霸蛮提出的需求（如缩短提前期等），使供应端的效率和稳定性得到提升。在张天一看来，这种供应链战略是最符合霸蛮零售业务现状的做法。他希望霸蛮能在这一时期做出像"康师傅红烧牛肉面""统一老坛酸菜牛肉面"那样经久不衰的超级单品，让用户在无限的时间和空间持续复购，同时通过高效率和稳定的供应流程来满足这些需求。

餐饮供应链：更多品类、对冲风险

而对于餐饮，霸蛮选择了另外一种供应链战略。目前，霸蛮餐饮门店有大概 30 款产品，每年迭代其中的 30%。迭代主要分两种情况，一是把用户反馈排名靠后的产品下架，上架新产品；二是核心产品的微创新，例如用一些"网红"元素增加产品的卖点，把红烧牛肉粉中的普通牛肉换成安格斯牛肉，给绿豆沙里加樱花组成樱花绿豆沙等。张天一认为，如今的餐饮行业已经很难产生像北京烤鸭那样百年来只卖一个单品的情况，更多的是要不断迭代，用快时尚的方式去做餐饮，让用户时刻保持新鲜感。他举例说："喜茶的核心壁垒可能不在于某一款产品，而是其不断推陈出新的能力，几乎每个月都有新品推出……霸蛮也要建立这样持续快速迭代产品的能力。"

以上需求特征会产生相对小批量、多批次的订货要求，而霸蛮餐饮供应链的思路是通过相对灵活的供应来快速响应这种需求，从而维持霸蛮创新、活力的品牌形象。一个总的原则是通过更多的供应源来对冲供应短缺或中断的风险，这样在动态调整需求的过程中，总有合适的供应商能够对其需求予以满足。而作为对灵活性和成本的权衡，霸蛮在使用多个供应源的同时，也会与其中的核心供应商建立更紧密的协同关系，一方面保证了核心供应商的业务量（使采购成本不会过高），另一方面也会让核心供应商参与更多的供应链环节，通过合作机制的设计来提高它们柔性配合的意愿（灵活性）。

通过这种主动和细分的供应链战略，如今在餐饮和零售两条业务线上，霸蛮都明确了供应链的总体目标和关键绩效指标，而这些目标和绩效指标也为霸蛮配置两张供应链的网络、协同不同的上下游资源提供了宏观的指导，使霸蛮不再像早期那样缺少章法地"一把抓"。有了供应链战略的指导，在完善餐饮和零售供应链的过程中，霸蛮又逐渐探索出更多的具体策略，使供应链管理能力得到逐步提升。

上游的供应商协同与创新

供应商的选择

除去研发和品牌后，霸蛮的上游供应商主要位于采购和生产环节。对于供应商的管理，张天一认为最重要的是供应商筛选。由于食品行业的特殊性，一旦出现安全问题会严重损害品牌声誉。因此，对于供应商的选择，霸蛮的标准是质量、柔性程度和价格，三者不是按权重加权取最优，而是按照优先级排序。举例来说，如果行业平均的不良品率是万分之六，甲供应商是万分之五，而乙供应商是万分之一，那么即便甲供应商的配合意愿更高（更能柔性配合）、要价更低（价格便宜），霸蛮也会优先选择乙供应商。如果乙供应商"店大欺客"，态度很差怎么办？张天一认为："就算求也要求它（乙供应商）合作，而不是退而求其次，因为它的体系足够先进，跟它的合作给我们供应链部门以及我们整个思路上带来的提升也是最大的。"

至于风险对冲的目标（特别是在餐饮供应链中），霸蛮的办法是通过 AB 供应商或 ABC 供应商[⊖]的策略，为关键原料选择多家供应商来降低中断风险。霸蛮会将 AB/ABC 供应商的数量控制在一个合理的数值，从而兼顾灵活性和效率。当然，即使是 BC 类的供应商，其选择的标准也依然是质量优先。ABC 供应商之间的订货量分配取决于供应商的绩效，霸蛮据此进行定期动态调整。以餐饮供应商为例，绩效评估指标包括供货质量（60%）、服务配合（25%）、流程优化（5%）、合规反腐（5%）和创新研发（5%），每周评估一次。作为权重最高的指标，供货质量又被细分为多个二级指标，这些二级指标中的三分之二都来自顾客对各类产品问题的投诉——这些信息都会向供应商公开，帮助它们牢固树立"质量好不好，顾客说了算"的意识，而不会想着怎样去"搞定"霸蛮的采购来拿订单。张天一借鉴深受年轻人喜爱的"王者荣耀"游戏，给予这些供应商从"王者（最高）"到"青铜（最低）"的评级，并由此决定未来的订货量调整（见表 6-2）。

⊖　A= 主供应，B= 副供应，C= 备份。

表 6-2 霸蛮的供应商评估示例

供应商	评级	供货质量（60分）	服务配合（25分）	流程优化（5分）	合规反腐（5分）	创新研发（5分）	总得分	较上周变化	季度累计得分
A	王者	60	25	4	5	0	94	—	269
B	黄金	59	25	0	5	2	91	3	257
C	白银	56	25	0	5	0	86	3	237
D	白银	57	20	0	5	0	82	2	227
E	白银	52	25	0	2	0	79	-2	259
F	青铜	48	25	0	5	0	78	-3	247

供应商名称	投诉次数	供货质量（60分）							重大事故（20分）	
		产品变质投诉次数	产品变质得分（15分）	异物投诉次数	异物投诉得分（15分）	其他投诉次数	其他投诉得分（10分）		重大事故	重大事故得分（20分）
C	4	0	15	0	15	4	6		0	20
D	3	0	15	0	15	3	7		0	20
E	4	0	15	1	10	3	7		0	20
F	4	2	5	0	15	2	8		0	20
A	0	0	15	0	15	0	10		0	20
B	1	0	15	0	15	1	9		0	20
分项评分评估标准	只做记录，不做评分	总分15分。每发生一次产品质变投诉扣5分		总分15分。每发生一次异物投诉扣5分		总分10分。每发生一次其他投诉扣1分			不发生重大事故得分20分；只要发生重大事故此项得分为0	

注：数据经过掩饰性处理，且仅选择部分供应商。
资料来源：霸蛮内部提供。

与核心供应商的协同创新

选择对的供应商是成功的第一步，接下来的挑战是如何提高那些核心供应商的配合意愿，与它们建立紧密的协同关系，并从中实现张天一所期望的"给霸蛮带来的提升"。在实践中，霸蛮的一个前提策略是（在绩效满足的前提下）尽量把业务多交给这类核心供应商，使自己对于对方的重要性提高一些。这里的业务不只是订货量，还包括多个环节的供应链服务。由于实力雄厚，除了生产外，这类供应商通常也对外提供代采购、代存储和代配送等增值服务，霸蛮的做法是"照单全收"，即使这些服务的收费不算便宜，仅全程冷链配送就要占去 6% 的成本。对此，张天一的理解是：这些环节都交给核心供应商来做，首先，服务质量是没问题的；其次，与其把不同的环节交给多家去做，还不如交给一家做来得稳定、各环节之间的协同效率更高；最后，"你也要给人家留利润"，这样才能有持续的合作。

以餐饮供应链中的某家浇头厂商为例，这家厂商为京津地区的多家知名餐饮连锁品牌提供浇头，在业内拥有较好的口碑，霸蛮门店使用的好几种浇头也都来自这家厂商。霸蛮与这家厂商达成了多个环节的协同：第一，生产这几种浇头的各类食材也都由这家厂商代采；第二，生产出的浇头由这家厂商代为存储、按日配送到门店；第三，门店所需的其他食材（如米粉、小吃、饮料等）也会由其他供应商/厂商直接发到这家厂商的库房，由后者代为存储，在每日配送浇头时一并代为配送，充分利用其末端的运力。通过收取相应的费用，这家厂商不仅供应自己的货，也利用自己的仓配体系为霸蛮供应其他的货，扮演了霸蛮门店"中心仓 + 最后一公里"的角色（见图 6-2）。

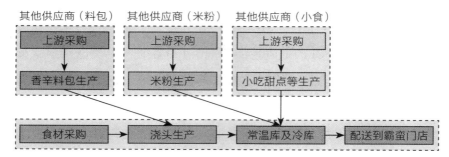

图 6-2　霸蛮的餐饮供应链示例：关键供应商（浇头）的集成供应链服务

资料来源：案例作者根据公司提供信息绘制。

在这种业务协同的基础上，霸蛮也在与核心供应商开展更多的创新，例如让供应商参与产品研发。霸蛮在前期的产品研发主要是倾听自身用户的声音，而核心供应商的参与又带来了几个额外的好处。第一，这些供应商很了解市场需求信息，比如什么食材最近卖得特别火，这给了霸蛮额外的灵感来源。第二，这些供应商能够帮助霸蛮评估用户的需求在供应链上能否实现、效率如何。以鱼肉浇头为例，虽然一些用户想要尝试，但从生产角度看，鱼肉的加工对火候的要求很高，又容易碎，使得损耗率很高，不仅成本不低，质量也难以保证，因此这个需求就需要慎重考虑。第三，这些供应商也能够从供应的角度给一款浇头提出更合理化的建议，比如做牛杂浇头时，各种内脏按什么比例放口感更好，成本也更合适。

对于每一家核心供应商，张天一都会亲自和它们的一把手面谈，去工厂车间仓库参观，增进双方的了解。他觉得要做好供应商协同，得先把它们当成"自己人"，"供应商实际上是我们的外部部门"，而不是单纯的生意伙伴。有了好的协同后，双方的沟通也更加准确，像辣度、咸度、酸度、米粉中的淀粉含量、油汤比例等都可以用数字量化表示；对于产品改进，双方也会有量化的语言体系，而不是像"不够辣""淡一点""老板觉得不好吃"这样的模糊描述，沟通效率提高很多。身为北大硕士的张天一在与核心供应商协同的过程中，也充分发挥自身学习能力较强的优势，向它们快速学习这个行业不同环节的更多知识。这些知识在与中小供应商合作的过程中发挥了重要作用。

与中小供应商的共同成长

霸蛮的供应商体系中也包括一些中小供应商，这些供应商大多是霸蛮早期起家时的合作伙伴，虽然彼此知根知底，质量也没有问题，但它们的现代化加工和生产能力还普遍较弱，随着霸蛮业务体量的增长，这些供应商的能力逐渐有些跟不上了。对此，霸蛮的策略是帮助那些配合意愿较强、将霸蛮视为头部客户、愿意做出更多投入的中小供应商转型升级，从中实现长期回报。

以一家宽粉供应商为例，这家供应商此前基本是一个作坊，没有建立现代的生产管理流程。凭借从核心供应商那里积累的知识和自身的钻研，张天一帮助这家供应商与咨询公司等服务商合作，从头梳理了整个工厂管理体系，包括设备的购买、物料的定位、生产流程的可视化、人员分工流程的优化、人员培训等每个细节，甚至还通过订单返现等方式承担了部分设备改造的成本。"我最近刚从那儿（这家供应商）回来，变化还是挺大的，现在像个工厂的样子，之前是没法看的。"当然，霸蛮也从这种投入中获得了显著的回报。这家供应商在北京丰台区为霸蛮开设了一条专用的生产线，不仅实现了现代化生产，还打通了与霸蛮门店的信息系统，60多家门店每天的订单可以在汇总后直接接入生产计划，省去了很多沟通成本。在供货价格方面，这家供应商卖给其他米粉店的价格是给霸蛮的1.5～2倍。霸蛮供应链负责人张溦指出这不是零和博弈下的给霸蛮让利，而是双方共同做大蛋糕的结果："它们做了一个很正确的决策（与霸蛮共同成长），虽然一开始可能不赚钱，甚至贴钱，但是随着生产能力的提升，它们现在已成为京津地区一流的宽粉供应商，不仅业务量比之前多，而且供货价也更高。"

两条供应链之间的协同

目前，霸蛮也在进一步寻求餐饮和零售两条供应链之间的协同，让一些有能力的供应商既供应门店的餐食、又供应零售的预包装食品，从而进一步提高供应端的效率。张天一指出对于很多原料，其实做餐食和做零售的差别没有那么大。比如牛肉类浇头的生产，中央厨房在炖好牛肉后，如果是供门店销售，就要进行急冻处理，之后由冷链配送到门店；如果是做成零售的预包装食品，就要高温灭菌后进行包装。除了这最后一步的区别，其实之前的生产步骤是一致的，理论上完全可以做到合并：将"炖好牛肉"这个步骤作为推拉结合点，按零售的订货量拿出一部分牛肉进行高温灭菌处理，剩下的急冻处理送到门店销售。这种做法在实际中也是可行的，霸蛮有一家牛杂供应商就是一开始只供零售，现在零售和门店一起供货，一次生产一吨，半吨拿去做高温杀菌，半吨拿去做门店浇头。再比如米粉的生产，供应给零售的干米粉[⊖]也只是比供应给门店的湿米粉多了一些脱水干燥的工序，本质上还是同样的大米、同样的生产，可以通过推拉结合点的设置来实现合并供应。

　　目前，对于米粉中的圆粉，霸蛮已经基本实现了门店和零售、线下和线上的合并供应，由供应商统一生产，再根据实际的需求情况将其中的一些米粉脱水干燥，供应给零售产品的组装厂。由于上游的采购是集中的，这样就实现了效率的最大化。但对于价格更高、合并供应能带来更多经济价值的浇头类原料，餐饮和零售供应链之间的协同却并不顺利。除了上文提到的这家从零售转门店的牛杂供应商外，霸蛮目前更多的浇头类供应商是做中央厨房生产的，它们不愿意做食品加工业务，即使能从霸蛮获得更多的生意。在张天一看来，路径依赖是一个主要的原因："它们（浇头类供应商）觉得我过去一直在做餐饮配送，（给零售供货）对它们而言是进入到一个新的食品加工领域；但其实从生产上讲只是在车间里新加一道工序、加几台高温灭菌设备就行了。"对于其中一些愿意尝试做这种创新的浇头类供应商，进展也不是很理想："某浇头供应商一直在给我们做（加供零售产品的）调试，弄了几

　　⊖　干米粉与湿米粉的区别在于干米粉存放时间较长，保质期一般为 3 ～ 12 个月。

*次之后，比我想象的要慢。"*此外也有一个客观的原因：做合并供应的供应商需要同时具备中央厨房和食品工业生产资质。

尽管如此，张天一认为这个事情还是要坚持去做。随着霸蛮未来业务体量的增长，两条供应链之间如果能建立这种协同，主要的浇头供应商都能既供应门店又供应零售的话，一方面会实现效率的更大提升，另一方面也能更好地对冲风险。但他需要找到更好的策略和方法来促成这个愿望的实现。

下游交付网络的优化

下游供应链的优化对于霸蛮是一个比较新的课题。前期只做餐饮的时候，霸蛮并没有"下游"这个概念，供应商为自己代采和生产，每天根据订货量配送到门店就完事了。但在进军零售业务后，霸蛮自己变成了"供应商"，要为淘宝、京东这样的电商平台以及华联、家乐福这样的线下零售渠道供应预包装食品，送货的范围也从做餐饮时的京津地区扩展到了全国的电商和传统渠道仓库。对这种供应链角色转变的前期不适应也是导致 2017 年底供应链"阵痛"的一个原因，特别是体现在电商渠道中。霸蛮在天猫、京东平台都开了旗舰店，这些网店要求从下单到发出不能超过 48 小时，但由于当时没有布局下游仓配网络的经验，致使产品从霸蛮的预包装食品组装厂到发货的电商仓需要长达 4 ~ 5 天的在途时间，这严重放大了霸蛮的库存：由于超过 48 小时会被平台惩罚，而电商的销量一时也预测不准，霸蛮只能在电商仓尽量多囤货，以防卖断货，因为一旦断货，再补货根本来不及在 48 小时内入库。

零售网络布局的优化

随着对零售供应链理解的加深，近两年来，霸蛮针对零售产品的组装和交付网络进行了一系列的调整和优化。经过梳理，张天一发现在这条零售供应链中，组装厂扮演着关键的"集结点"角色：各类浇头、米粉、包装材料等原材料会从不同的供应商那里送到组装厂，完成预包装食品的最终下线。而对于电商渠道，另一个关键的角色是电商仓：全国各地的顾客通过不同的电商平台下订单后，都要通过电商仓完成快递发货（见图 6-3）。因此，这两个交付节点的选址就非常关键——此前电商渠道中长达 4 ～ 5 天的在途问题，很大程度上也是因为组装厂和电商仓的选址不够合理。

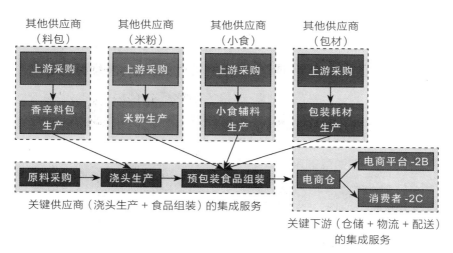

图 6-3 霸蛮的零售供应链示例

资料来源：案例作者根据公司提供信息绘制。

　　经过调整，从服务全国（而非餐饮的京津地区）的角度出发，霸蛮将组装厂设在怀化，电商仓设在长沙。首先，地处湖南的怀化可以为霸蛮提供更多、更好的浇头供应商选择，搞定了最关键的浇头后，将预包装食品中的其他辅材送到这里组装即可。其次，在调整之后，组装厂与电商仓之间可以实现隔夜送达，不再需要 4 ~ 5 天的在途时间。哪怕完全采用拉式的做法，用户下单之后再安排组装，第二天也能从电商仓完成发货，小于平台的 48 小时期限。这样一来，霸蛮就不用再囤积那么多库存以防不时的缺货了。

　　对于组装厂、电商仓等下游环节的具体运营，霸蛮依然沿用和上游同样的供应链战略、定位和策略。第一，霸蛮自己不做这些环节，而是交给合作伙伴来完成，自己专注做好下游中自己最擅长的客户服务与用户运营。第二，质量、柔性程度和价格依然是选择下游合作伙伴的标准，特别是质量和柔性程度。第三，在自身能力有限的情况下尽可能地进行"业务合并"，例如将物流环节都交给电商仓的合作伙伴，其与多家物流和快递公司有着业务关系，虽然不一定是最好的，却是当前最可靠的。

与电商平台的协同

　　在做零售生意的前期，对于天猫、京东这样知名的 B2C 电商平台，霸蛮只有一条销售渠道：在上面开店卖货，从自己的电商仓给 C 端的顾客发货。随着体量和知名度的上升，天猫和京东的自营体系（天猫超市和京东自营）都向霸蛮敞开了怀抱。如今，霸蛮的电商仓除了给 C 端的顾客发货外，也会给天猫和京东的前置仓供货，也就是 2C 和 2B"两条腿走路"。这进一步充实了电商渠道的需求，也使霸蛮组装厂和电商仓的能力得到更加充分的发挥。对于如何扮演好这些大平台的供应商角色，霸蛮更愿意把自己放在一个"学习者"的位置。霸蛮供应链负责人张溦认为："（天猫、京东）这些大平台是我们要学习的对象，我们积极配合它们的采购、补货需求，它们也有一些面向供应商的协同系统和软件，我们可以在上面操作，信息总的来说是非常通畅的……也有一些市场、需求方面的信息分享，对我们是很有启示的。"在他看来，这些大平台本身就有较强的和供应商协同的意愿，这与霸蛮"抓住两端、协同中间"的供应链战略本身就非常契合。目前，一些协同的效果已经开始体现："这些大平台有时候可以给我们做预售[⊖]，有时候会指导我们做越库[⊜]……这些都进一步提升了双方的供应链效率。"

不过，对于 CPFR（联合计划、预测与补货）、C2M（反向定制）等更为深度的供应链协同模式，目前霸蛮还没有涉及。在张溦看来，双方的协同还没有深入到供应链计划和运作模式的层面，更多的是通过信息共享来给供应链增效。此外，霸蛮也还没有充分利用电商平台直接面对消费者的这个特性：仅看霸蛮京东自营官方旗舰店的数据，上面已经有超过 8.3 万条顾客评价；同时，京东的后台也还有更多维度的消费者行为数据可以挖掘。张溦认为今后也可以尝试在这个领域做更多投入与合作，毕竟霸蛮用户运营的能力再强，也一定还有提升的空间。与电商平台数据分析和

⊖　提前销售还没有生产的产品。

⊜　直接从组装厂发货到平台的前置仓，不用再进出一次霸蛮的电商仓。

服务部门的合作可以帮助自己更加准确地洞察顾客需求，"让自己的长板变得更长"。

未来的思考

张溦所说的这些数据方面的事儿，张天一本人也有过思考，而且想得更全面一些。在这个信息化的时代，霸蛮正在与信息系统和数据产生着方方面面的关联，仅以销售端为例：门店方面，霸蛮的门店已经全部用上了第三方开发的门店管理系统，每天的销售、订货、到货等数据都有详细的记录；外卖方面，霸蛮所使用的饿了么、美团、微信小程序等外卖平台中记录了详细的销售数据；电商平台方面，销售数据也是被完好记录的。通过系统对接，这些数据都能够被霸蛮获得。如果延伸到更多环节和更多参与方，则还有和餐饮供应商、预包装食品供应商的系统对接，和下游组装厂、电商仓乃至物流配送的系统对接等……这些信息系统和数据正在一些方面产生积极作用，例如前面提到的通过协同门店和宽粉供应商的系统，60 多家门店每天的订单经霸蛮供应链管理部门汇总后，可以实时同步给供应商来驱动生产，提高效率；而如果某门店的店长漏报或错报订货单，供应链管理部门也会基于该门店的历史订货数据进行修正。再比如霸蛮在电商渠道推出的一款 6 盒装的"家庭量贩装"产品，为了节省单独每盒的包装材料，通过减少工厂组装量、提升组装效率来做低成本，进而实现让利顾客。这个产品就是基于对消费者购买行为的分析而推出的，上线后取得了不错的销量。

但归根结底，这些应用都还停留在"信息化"为主的初级阶段，门店和零售体系目前是两套分开的"进销存"系统，逻辑不一样，没有上升到"智慧化"的高度，霸蛮也还没有建立专业的数据分析团队来充分分析和利用这些来自不同渠道和供应链不同环节的数据，帮助改进和优化供应链中的相关决策。所谓"智慧供应链"的一些概念，比如通过先进的模型和算法做智能化的需求预测、选品选址、定价促销、供应商管理、库存优化，等等，张天一已经在各种场合有所了解。此前他的判断是这些和霸蛮的实际情况相差太远、过于超前。但随着霸蛮体量的不断提升，对供应链管理的需求也在不断提升，仅凭借过去的经验和方法，可能难以在方方面面都做好决策。从未来长远发展的角度考虑，在业务不断拓展的过程中，霸蛮是否应该去同步建立"智慧化"的供应链管理能力，利用技术和数据来帮助提高供应链决策的质量和效率？又该从哪些内外部环节、哪些关键的决策入手？

不过，对霸蛮的供应链管理而言，这个问题只是诸多长期考虑中的一个。就眼前来看，还有一些更为迫切的问题需要张天一做出决策。如何鼓励更多的浇头类供应商来同时供应餐饮和零售这两条线就是其中之一，如前文所说，这对供应链效率的提升是立竿见影的。张天一觉得这不仅仅是增加设备的问题，更大的障碍在于观念的转变。他需要找到更好的策略和方法来促成这种协同的实现，也许需要和供应商坐下来好好算下账，让供应商看到这样做的巨大好处，以及建立一个怎样的合作机制来更好地推动这件事。当然，技术上的支持也是必要的。张天一已经和合伙人聊过，要把餐饮和零售供应商在 ERP 中并成一套，来方便计算他们同时供应两条线时的权责利。

加快拓展门店，进入更多的区域市场

在末端，张天一思考的另一件事是如何拓展更多的门店，以及如何在未来进入更多的区域市场。经过 60 多家门店的积累，霸蛮基本建立了可以标准化复制的单店业务模型，包括人员配备、分工定岗、标准作业流程（SOP）和监督等。从顾客进店到顾客离店，霸蛮拆出了 375 个动作，并对和顾客的每一个服务接触点进行规范管理。大规模开店需要大量合格的人。霸蛮在内部建立了企业大学和一套培训体系，一般新入职的大学毕业生经过 6 个月的培训，就可以成为店经理。在门店设计上，霸蛮以"楚空间"为主题，以体现"死磕不服输"霸蛮精神的红色为基调，设计细节中还融入了《楚辞》、凤凰、吊脚椅等楚文化元素，吸引了很多顾客的拍照并传播。

张天一早年在拿到投资时就和投资人沟通：开不到 50 家店不会出北京，因为开店要有规模效应，如果只为了好看就在北上广深甚至海外都各开几家店，表面看上去像全国乃至全球布局，其实供应链的效率完全不能看。如今的门店已经达到了这个数量，是否应该走出京津了呢？

2018 年，霸蛮一度准备进军上海。当时的考虑主要有以下几点：第一，上海堪称中国线下商业运营难度最大的地方，消费者非常挑剔，对产品和服务的要求很高，只要不是专属于上海的特

殊口味，在上海能够生存的品牌基本在全国都能生存；第二，上海可以辐射长三角地区，苏浙沪地区是中国最大的消费市场，超过京津冀和广深；第三，从管理成本和管理半径上看，从北京跨到上海比较适中，直接到广深跨度太大。但最后，张天一还是决定"先暂时缓缓"，这里面不免有供应链方面的顾虑，目前霸蛮餐饮这条线上的供应商主要是地方性的，进入上海意味着需要找新的供应商，面临新的供应商管理问题。他觉得自己还是要把这个事情想清楚，要基于霸蛮当前的品牌形象，设计好一个从获客到供应链支撑的完整方案，实施起来就会更有把握。

张天一的计划是在京津地区先开满 100 家店再出来。100 家店的概念相当于在北京的四环任意找一个地方，方圆 2 公里内一定会有霸蛮的门店——算得上是这个城市的"基础设施"了。在张天一看来，密度越大，供应链的规模效应越大，这 100 家可以说是充分利用目前的餐饮供应链体系，实现一个相当高的效率。当然，也要有好的产品和服务才能支撑起这 100 家店，否则单店的边际贡献一定会下降，在张天一看来，随着京津地区门店数量的增加，产品结构也势必会随着调整。此外，霸蛮也暂时不会开放门店加盟，这一方面是由于其门店同时充当线上零售入口的特性决定的；另一方面，张天一也担心开放门店加盟会引发管理问题，"可能把品牌做坏了"。

自建供应链中的一些重要节点

最后，张天一也在思考与进入更多区域市场相关联的一个问题：霸蛮是不是应该自建供应链体系中的某些节点，从而更好地支撑未来面向全国的供应及交付网络？近两年来，在"抓住两端、协同中间"的供应链战略指导下，霸蛮已经通过供应商协同创新、调整网络布局等方式优化了从供给到交付的整张供应链网络，并与网络中的关键节点建立了更强的黏性。这个成绩固然可喜，但目前来看霸蛮的餐饮供应链依然是区域性的，零售供应链的复杂度也还比较低。随着未来餐饮供应链的铺开和零售 SKU 的数量增加（增长到一定体量之后的大概率事件），这种完全"轻型"的供应链是否还足以支撑？在与核心供应商协同创新、与中小供应商共同成长的过程中，张天一已经积累和运用了很多关于食品工厂建设与运营的专业知识，是否应该利用这些知识和外部资源，把供应链做"重"一些，在适当的节点上自建食品工厂或类似盒马鲜生那样的中心仓？

　　显然，自建重要的节点可以进一步增强霸蛮对供应链网络的控制力，降低品控、供应中断等不确定性风险，提高供应链效率并收集更完整的供应链数据。长远来看，一方面，在工厂的产能得到充分利用后，也会给霸蛮带来更多的成本节约，实现投资的增值；但另一方面，这也会使霸蛮进入更多的供应链环节，在某些领域（如原料采购等）面临更多的管理问题，同时也需要新的流程、人员管理能力的提高和较多的固定资产投入等。

　　…………

　　面对以上这些短期和长期的决策问题，张天一并没有完全确定的答案。为了更好地构建供应链的"护城河"，在这些选项中，哪些可以做，哪些不能做？哪些应该先做，哪些应该后做？如果决定要做，又该如何去做？

第三步
STEP3 | "N 到 N+1"
创新企业的社会责任

第 7 章

九阳股份
新营销的挑战与机遇[⊖]

互联网时代的"全品类"发展给九阳股份有限公司(简称"九阳")带来了新的营销挑战。九阳一贯通过原创技术创新,开发适合中国厨房的明星产品,未来期望通过品牌带动厨房家电全品类发展。但是,随着新品类、新产品的不断推出,各大品类的营销资源投入如何平衡?与此同时,整体九阳的品牌形象又将如何打造,能否支撑厨房家电全品类发展?虽然九阳线上销售额已接近其总收入的一半,但九阳时刻担心自己会"落伍"。九阳如何拥抱互联网和移动互联网所带来的各种快速变化,使得线上经营与线下经营得以平衡?九阳创始人、董事长王旭宁先生始终关注着这些问题。

⊖ 本案例作者为中欧国际工商学院王高教授,案例研究员许雷平(于 2020 年 4 月共同撰写,数据截至 2020 年 2 月)。在写作过程中,得到了九阳股份有限公司的协作与支持。

"全品类"的营销挑战

九阳的营销一直以来都围绕豆浆机产品展开。传统营销主要以豆浆文化软文、媒体广告、店面展示以及豆浆品尝为主，塑造了"九阳＝豆浆机"的形象。九阳向厨房小家电"全品类"发展，主要产品涵盖豆浆机、面条机、原汁机、电压力煲、电磁炉、料理机、电炖锅、开水煲、电饭煲、净水机、咖啡机、洗碗机、炒菜机等多个系列三百多个型号，并有"阳光豆坊"子品牌专注研究豆浆原料等五谷健康食品。2012 年，九阳推出油烟机、燃气灶、热水器以及消毒柜等新品类，正式进入厨房大家电领域。九阳以"创造健康生活"为口号，提出"定位厨房、升级厨房，用现代科技打造智能、无烟、开放的中式厨房，创造更加健康、便捷、时尚的中式料理，成为智能厨房的首选品牌"。

2014 年就有人指出："小家电的硬伤就是单品价格低，如果不上量，利润空间有限。除了豆浆机，九阳其他小家电品类并无规模成本优势。豆浆机业务似乎已到瓶颈期，九阳必须拓展出另一个'王牌'，例如大厨电。因为大厨电单品价格高，利润空间大。但大厨电收入占总收入的比例微乎其微，利润更不用提。消费者心中'九阳＝豆浆机'的形象，客观上限制了九阳在大厨电业务上的发展。而九阳这几年做得好的榨汁机、料理机等食品加工小家电品类，或多或少都具有豆浆机的某些属性。"也有人评论说："现在小家电市场格局基本稳定，不再像以前那样大品牌能靠多元化跑马圈地大量吞食小品牌的市场份额。在别人的'地盘'（优势品类）上，谁想抢谁的市场份额都不容易。"不过还是有人较乐观："厨房小家电空间还是有的。虽然一二线城市普及率高，但三四线和农村家庭用户普及率还是很低。何况厨房小家电的知名品牌就这几个。"

2016 年 6 月，王旭宁深入了解了瑞士军刀品牌发展之路后表示："我更坚定了九阳一定要做品牌的决心。瑞士军刀 100 多年的传承，通过不断创新、价值观的传承和产品的延伸，将品牌在一个领域里做到了极致。九阳也可以在豆浆机这些小家电中做到不断创新和延伸，中国企业到了必须要做好自己品牌的时代。"⊖但是，"全品类"发展过程中一旦某个品类、某个产品出现问题，往往会对整个品牌造成影响。2017 年 11 月，某自媒体不断报道九阳产品的质量问题。例如，"一名河南驻马店用户新买的九阳净水器用了半个月就出现了漏水的情况，由于没有得到及时维修，该消费者表示就算是扔掉也不找他们了，以后永不用九阳电器"。该自媒体还提到了九阳电水壶、料理机、电炖锅、电磁炉等小家电产品的质量问题。个别自媒体炒作不能排除可能的恶意因素，但这些负面信息无疑给九阳品牌带来了挑战，九阳对此问题也日益重视。

九阳开始努力向"九阳＝品质生活厨电"的品牌形象转型，频频推出诸如炒菜机器人等新产品。九阳认为自己构建多元化产品矩阵的目的，不仅是从激烈的同业竞争中突围，也希望能够紧跟中国消费者习惯的变化，抓住他们的"味"。"在当前消费升级的趋势之下，家电产品不仅仅要满足于功能性需求，我们希望通

⊖《中欧实境学习法系列：米兰、苏黎世探秘时尚品牌成长之道》，网易教育。

过新品的呈现，为消费者带来生活方式的升级与创造力。"九阳发现其用户群体也在发生变化。2015 年前消费群体是主要是"70后"，而近年九阳消费人群越来越年轻化，2017 年就已变成"85后""90 后"，其中重度使用人群又以宝妈、女性为主。这群人与九阳传统的消费人群相比，更加自我，在强调实用性的同时，对产品的外观设计、智能化水平以及操作人性化的要求都更高。[一]因此，如何平衡管理九阳旗下各品类产品的营销活动显得尤为关键。

传统渠道的压力

　　基于豆浆机产品销售的发展，九阳在传统渠道建设方面搭建了比较完整的体系。但在新的环境下，九阳赖以运作的传统渠道和营销模式都将面临新的压力，九阳开始做出相应调整。九阳将渠道分为三类：水泥渠道（实体店）、鼠标渠道（电商渠道，基于电脑的网站）与指尖渠道（基于移动设备，例如微商城、电商手机端应用）。九阳以往业务主要通过经销商体系在水泥渠道，即实体店实现。

　　九阳采取三级分销体系。九阳卖给经销商产品，经销商卖给零售商产品，零售商则卖给消费者产品。九阳会帮助经销商实现动销——让消费者从货架上把九阳产品搬回家。但是，九阳发现不少经销商容易出现"小富即安"的心态，于是启动"渠道提效"工程，将经销商"优胜劣汰"，2014 年终止了与 120 家经销商的合作，但也同时开发了 55 家新经销商。九阳坚持经销商现款结

　　[一]《"品味养生，家居美学"，九阳的新玩法》，钛媒体。

算，以解放所有业务人员的双手。虽然赊销短期内可以找到很多客户并解决市场覆盖问题，但营销人员就会陷入讨账、要账的问题中。九阳对经销商还采用了保证金制度，一旦违反渠道秩序，根据协议条款，罚没保证金。九阳产品在店内有全国统一零售价（或最低促销价），一旦出现价格变化影响到其他经销商利益或出现跨区销售产生乱价的情况，九阳就会处罚相关经销商。为确保促销活动的开展，九阳按照经销商的级别安排一定授信，但额度不高。不过，九阳拿不到经销商确切的销售数据，销售预测有时容易出问题。

实体店包括以消费电子和家电产品为主的渠道（国美、苏宁、永乐等家电连锁超市）、卖场类重点客户（沃尔玛、家乐福、麦德龙与大润发等连锁卖场），以及传统百货商场。此外还包括批发市场、专卖店和县城、乡镇甚至村落的实体店。九阳也意识到各地兴起的购物中心将是未来零售增长点。由于苏宁、国美等大型电器连锁店为提高单店利润，开始与供货商签订总体协议并进行集中采购。因此，九阳与这些零售商谈大的总体协议，之后由经销商运作，但过程中需要分配好经销商的利益。

由于顾客流量下滑，传统实体店出现业务不振的趋势。九阳尝试以"内购会"模式来提升业绩。内购会就是在商场特定的空间和时间范围内，邀请一些特定的顾客——卖场员工或经销商员工的亲朋好友，按特定的价格销售产品。九阳首先对卖场中层管理人员进行动员，以争取店长的支持。之后，卖场或经销商员工需提前一周购买内购入场券（如5元一张，10元三张），以此识别有购买意向的顾客。内购会稳定了九阳在实体店的销售，但也带来了竞争者效仿。

九阳也面临着三四线城市传统渠道出现萎缩的严峻挑战。例如山西某地经销商于 2003 年开始经营九阳产品，其市区销售占 40%、县乡分销占 60%。2015 年电商在农村兴起，县乡分销产生明显分流。2016 年，市区销售也出现危机——12 家大卖场因资金流断裂难以为继，经销商萌生退意。九阳考虑到多年的市场积淀与用户忠诚度，尝试自建零售渠道——九阳提供设计规范并给予经销商部分支持。2017 年 11 月，经销商在高端住宅区开设了面积为 200 平方米的九阳旗舰体验店，依托产品体验和粉丝活动，日均销售额约 1 万元，客单价显著高于以往零售卖场。该经销商计划在市区再开 3 家体验店，并对县区 12 家专卖店升级，用品牌形象、价格及线下体验去应对业务萎缩。

水泥渠道、鼠标渠道和指尖渠道三者的交互融合，构成了全渠道的概念。九阳意识到传统实体店还会萎缩，但将来线上、线下会形成平衡。线上只有视听体验，线下则有听觉、嗅觉、视觉、味觉和触觉的体验。由于销售渠道分流与线下经销商规模变小，九阳线下销售队伍也开始缩小，但人均绩效得到提升。

店内传统推广的压力

本土小家电三大品牌——美的、九阳和苏泊尔在实体店呈现面对面竞争的态势。九阳力争所有产品都进入市场前三，因此对于店内陈列不遗余力。2014 年九阳产品陈列第一位置占比 55%。
陈列成本由九阳与经销商共同承担，但在发达地区九阳承担比例
略高。由于店内位置空间有限，九阳在产品陈列上就需要做取
舍——有时舍弃品类，有时舍弃单品。此外，商场不允许在店内
推广二维码、微商城等（作为场外交易处理）。

九阳从早期豆浆机的店面派送衍生出有吃有喝的联合体验
台，现场体验让顾客了解到九阳的产品不止豆浆机，而且现场体
验容易产生购买行为（九阳品牌销售成功率往往可以提高 20%）。
2012 年，九阳开始设置 L 型大体验台（2.1 米长），并要求所有营
销系统员工每个月至少要参加终端体验 8 小时（戴上厨师帽，系
上围裙，现场动手）。2014 年，九阳在全国有 1 000 多个联合体验
台（主要是 A 类店），营销人员在这些体验台向顾客推广产品，
周末会增加一位终端主讲人（由第三方公司管理），戴着耳麦，一
边演示一边与顾客沟通。

2016 年，九阳进一步推出联合体验新版本——"美食家"，
例如，杭州东站的体验店让顾客系上围裙自己做食物。九阳也开
始将实体店的联合体验升级到"美食家"。2017 年"双十一"活
动，九阳联合天猫在凯德广场全国 200 个购物中心做引流和体
验。九阳把普通导购培养为主讲人，让导购员独自建立社群，并
在苏宁、国美等门店开设 1 000 多个"美食家"体验点（40 ～ 80
平方米）。而对于面积只有 10 ～ 20 平方米的产品展示区，九阳则
沿用原有的联合体验台。九阳还尝试在重点渠道开设"厨房剧场"，
租 100 ～ 200 平方米店面，做产品基本陈列，并与顾客社交互

动，请顾客自己动手，也做一些教学、亲子活动、企业团队建设等，九阳称之为"引流社交停留式消费"——把顾客留住，社交、体验二合一，但这样一家"厨房剧场"需投入成本上百万元。

相比于主要竞争者，九阳早期以社区推广、终端体验、豆浆派送、消费者教育等营销手段见长，因此诸如电视广告等传统营销手段并不突出。随着鼠标渠道与指尖渠道的兴起，九阳的营销模式开始发生巨大变化。

互联网营销新思路

2013 年，九阳确定了品牌目标消费群体——"宝妈"（有 0 ~ 6 岁孩子的年轻妈妈人群），也厘清了这一目标群体最关注的两个主题——营养与安全。九阳开始考虑如何利用新媒体传播信息——传统媒体式微，需要发挥新媒体的作用。

传统媒体与新媒体

在互联网传播方面，九阳研究了小米的做法，先建立美誉度，再做知名度。九阳分析，每个家庭面临健康饮食问题时都会手忙脚乱，需要有一个工具来管理健康、饮食、生活方式等。互联网时代的特点可以让九阳与用户直接发生交流，例如微博、微信等能与粉丝互动，能让用户感觉到九阳是一个有温度感的品牌。但如何产生内容是一大困难。自媒体、新媒体传播的话题并非都是中规中矩的，因为中规中矩的内容很难起到引流作用，没有"话题性"就很难传播。

2016 年，九阳提出从产品驱动向品牌驱动转型，其品牌传播方向尝试转向娱乐化营销，如考虑与明星合作，请明星代言。九阳选择代言人的依据是天猫平台大数据——选择粉丝特性与九阳用户较接近的明星。九阳认为，明星代言广告不是讲产品性能和技术，而是讲以这些明星为代表的生活态度和方式，例如代言明星提倡自制豆浆是一种有益健康、有益美容的流行生活方式。

移动互联网不断强化，九阳开始减少对传统媒体的投放，加强对自媒体和新媒体的投放。九阳强化了微信、微博及垂直媒体运营团队，开通了自己的官方微博、官方微信及九阳官网，九阳电商还有独立的阅读号和服务号。垂直媒体包括摇篮网、红孩子、宝宝树等网上媒体。2017 年，九阳微信服务号活跃粉丝达 300 万，当选 2016 年全国前十企业服务号（与招商银行等知名企业齐名）。九阳官方微博拥有 140 多万粉丝，属于具有一定号召力、会引起其他品牌互动和快速响应的"蓝 V 领袖"。

九阳需要持续创造粉丝感兴趣的话题，而且不能有负面作用，这才能将粉丝群体黏住。而且在粉丝群体中还需培养意见领袖，社群也不能有太明显的功利性。除非是一些大的项目，例如与明星的合作需要与外部广告公司合作，日常内容都是九阳自有营销团队制作。从 2013 年开始，九阳就提出"少投放一条广告，组建一个自媒体团队"的倡议，逐步把自媒体团队建了起来。自媒体团队的核心是内容创造，并让消费者感觉到有融入感。自媒体属于低成本的传播媒介。九阳发现，一旦推出消费者愿意读的内容，例如与美食结合、与养生保健及生活方式能够结合的内容，引流效果就较好，比直接投付费广告更有效。九阳不少微信内容的阅读量超过 10 万。

虽然传统媒体影响力下降，但九阳也没有完全放弃该传播渠道，九阳也在比较好的卫视投放传统电视广告，并在地铁、楼宇等投放广告。不过九阳在传统媒体的投放比重逐年下降。2014 年，九阳在传统媒体与互联网媒体上的投入势均力敌，但 2017 年九阳新媒体预算是传统媒体的近 3 倍。九阳开始在零售终端增加相关预算，培养导购员、强化现场演示，通过联合体验活动，提升顾客终端体验（见表 7-1）。

表 7-1　九阳营销费用投入比例（2013 ～ 2017 年）

费用投入类别	2013 年	2014 年	2015 年	2016 年	2017 年
传统媒体（电视 + 电视购物等）	57%	41%	31%	31%	18%
线下（终端支持 + 分销户外）	3%	7%	5%	8%	22%
网络（自媒体 + 传统互联网 + 电商）	34%	47%	56%	48%	50%
品牌（广告片、品牌视频、代言人、会议、公关等）	6%	5%	8%	13%	10%
合计	100%	100%	100%	100%	100%

资料来源：九阳公司提供。

2017 年中开始，破壁料理机的市场竞争开始加剧，美的、苏泊尔等竞争品牌都投入大量新产品及传播资源抢夺市场，同时也让破壁料理机市场规模快速扩大。为了稳固市场占有率第一的位置，九阳需要加强传播力度以抢占消费者心智。九阳开始与国内资深广告人合作，梳理九阳破壁料理机及豆浆机的产品及推广策略，提出"24 年专注破壁技术"这一九阳独有的排他性优势。九阳设想未来几年内破壁料理机和豆浆机都将围绕这一核心优势进行传播推广。2018 年 4 月，九阳加入国家品牌计划，利用中央电视台来强化品牌背书。在同年 5 ~ 7 月世界杯期间投放广告，利用这一四年一次的高聚焦赛事，快速提升九阳破壁料理机的曝光度。

社区与微商城

王旭宁意识到，"互联网对我们传统经营来说有一个非常大的好处就是可以直接到达消费者，如果你有能力，可以进一步把你的消费者聚在你的周边——既有服务，又能提供内容和互动。"

九阳发现有家烤箱公司办了一个烘焙学院，虽然其产品价格高于其他品牌，但学员形成了社群，他们到天猫购买其烤箱并在线学习食物制作方法。九阳也考虑让九阳用户建立社群交流烹饪，并且通过微信公众号、地方论坛等线上引流，以及通过线下实体店引流，把粉丝聚集在一起进行交互。九阳也借助产品智能化与消费者建立直接关联，以取得消费习惯方面的数据，主要方法是通过终端数据采集把消费者拉入九阳微信服务号中，例如在商场或网上购买九阳产品后扫二维码 / 条形码，得到产品使用视频或维修延期，这样就可以吸引用户加入社群。

不同于以往只是电话信息的消费者数据，目前九阳已经能够知道消费者在哪儿购买、具体型号、确切价位等信息，用户画像更加明确。九阳还把导购员放在服务号里，用户可以直接找到相关导购员请其提供支持服务。九阳线下有几万名一线导购员，九阳把其中的优秀导购员升级成主讲人（负责产品推广介绍），每一位主讲人手上都有终端社群，一般都有几百名粉丝。目前 2 000

位主讲人就聚集了 300 多万粉丝，而且其他导购员也建了社群。社群会传播一些新的食品做法，也可以帮粉丝到九阳销售点举办小朋友烘焙派对等活动。但目前九阳还未统一管理这些社群。

九阳开设了微商城，以对现有渠道加以补充。作为一个平台，九阳微商城由九阳提供统一的后台和入口，让更多经销商开店铺、上网服务消费者。例如，九阳在杭州东站候车大厅开设了一家产品体验店，感兴趣的顾客可以通过微商城下单，由就近的经销商送货。厨房家电购买周期较长，九阳希望通过微商城的产品来增加黏性。九阳考虑通过优质豆子的低价销售来增加黏性，也开始考虑增加五谷杂粮中较有差异化的产品来销售。此外，微商城直接销售一些新产品，例如新发展的豆料产品、较贵的新型豆浆机、胶囊料理机等。不过，九阳微商城试行了三年，业务规模还不大。

线上渠道建设

九阳线上销售占比逐年增加。2011 年，九阳建立了自己的电商中心，当年线上销售约 3 亿元。2013 年线上销售收入达 10 亿元。2014 年，九阳内部开始不断强调互联网的极致体验、产品的用户导向理念。同年，线上销售为销售总收入的 30%，达到 18 亿元（其中豆浆机 10 亿元，线上第一；榨汁机 2 亿元，线上第二；料理机 1.5 亿元，线上第一）。2016 年，九阳线上销售比重达到 40%。但是，由于经营成本上升，九阳线上销售盈利开始降低。九阳认为线上销售与线下销售将来会取得平衡，这是一个博弈过程。线上成本增加到一定程度，就会给消费者带来负担。而且线上生态如果不改变，则会出现假货、低质产品等产品问题。而九

阳坚持产品质量、体验以及规范运作，希望线上、线下销售模式
长期共存，但这需要考虑不少现实问题。

线上、线下产品错开

根据观察，九阳品牌线下顾客以中老年消费者为主（2000 年
则以老年消费者为主），而线上购物者基本上是刚成家的女性，年
龄在 25 ~ 28 岁。消费人群的不同，对于产品设计与推广模式有
很大影响。

经过各种尝试，九阳决定将电商主推产品和线下主推产品错
开。错开方式依次为功能、外观、配色以及包装，但产品模具相
同，以避免产生额外的生产成本。由于线上搜索的特点，加上产品
外观与功能不完全一样，顾客很难将线上产品与线下产品进行直
接对比。如果线上、线下产品不及时错开，往往会产生问题。九阳
首先把线上销售较早、销量最大的豆浆机产品线进行线上、线下错
开，但对当时的榨汁机产品没有及时错开，导致线上、线下冲突
（线上产品出现一年真空期），从而让韩国惠人榨汁机在线上渠道得
到快速发展，其立式螺旋杆模式一度成为线上榨汁产品主流，使得
九阳榨汁机（卧式螺旋杆模式）线上销售当时屈居第二。

九阳发现，线上、线下同类产品进行差异化需要符合互联
网传播和销售的特点。比如配色上，互联网产品相对花哨，也相
对不整齐；线上单品展示，线下则排柜陈列，因此线上产品颜色
比线下产品更加明亮是基于页面表现需要；线上目标群体更加年
轻化，产品色彩需求较个性，造型可能需要更加时尚、简洁，功
能也不需要太复杂等。九阳也进一步在不同线上经销商之间、不

同网店之间、不同电商平台之间等多个方面进行产品差异化。与此同时，线上比较聚焦于中低端产品，而线下更加聚焦于中高端产品。

电商团队

2014年，九阳电商团队有30多人，分为B2C客户（京东、亚马逊等）、淘宝（整个淘宝体系）两个团队。九阳根据电商渠道的需求规划产品，与公司市场中心产品经理沟通后联合提交相关事业部。事业部研发部门与制造部门负责实现产品，过程中会有评审流程，以判断产品是否符合当前需求。之后对小批样机或首版产品再次评审，判断有无需要调整。通过评审后，事业部即可安排生产。电商部门则负责到各线上渠道进行营销推广，例如产品描述、图片、宣传立意等。电商团队还需对接B2C平台方，介绍月推广计划、全年产品布局等。为配合销售，店铺需要处理站内宣传，九阳则进行站外推广，比如微信、微博、门户网站等的推广，具体推广计划由电商市场部与公司品牌部联合完成。

当时，电商部门的工作重点是销售转化，公司推广往往更注重品牌。线上产品营销推广产生转化，消费者拿到产品进行试用，用完以后会有线上回馈——好评、差评，甚至退换货并产生售后服务。2014年，九阳传统线下销售团队年人均产出1 200万元，而电商团队年人均产出达4 000多万元。但九阳发现线上竞争也开始进入资源战，遇到的最大挑战是引流——拉顾客到店铺。各个平台内部竞价，引流费用不断提高，竞争越来越激烈。为了推动电商业务，九阳从2015年开始进一步推进移动互联网转型、柔性供应链发展、内部组织调整等战略措施。

　　九阳电商团队启动向移动端转型的战略，所有产品的运营、页面设计、推广活动等都开始基于移动端展开。九阳发现，2017年的移动端流量占比和销售占比都已超过 90%，移动互联网业已成为电商主流。九阳各事业部根据电商销售平台数据，得到九阳消费者初步画像资料，即可依据消费习惯为线上渠道单独设计产品，而以往仅是在色彩和包装等方面对线上、线下产品进行错开。有了较清晰的消费者数据，九阳就可以采用新的视角来设计线上产品，在功能定制、容量设计等方面开始采用新的思路。新的线上产品也需要反应更快的供应链系统。九阳各事业部通过柔性供应链方式，将供应链布局集中在长三角，配件需求从发出到来料只需 5 小时，满足了线上产品生产的需要。

　　2015 年底，九阳改变了电商团队组织结构，专门成立了电商产品运营部门，与九阳各事业部对接，向事业部提产品开发需求并一起企划产品，产品上市时还需全网统筹，统一协调各个电商渠道的发展计划。九阳还专门组成了电商网络营销部，内设搜索、媒介采购、运营、拍摄等职能团队。之前只在公司层面设有产品经理，负责整个线上线下产品线的规划和推广，而现在这些工作开始下沉到电商部门。

线上经销商

　　九阳线上业务同样采取经销商制度。选择线上经销商依据两个维度：专业性（是否只做电商？运营团队是否相对完整？）和理念匹配度（做电商最看中的是什么？做品牌商品还是杂牌组货？）。

九阳 40 家线上经销商中，有三分之一来自原有线下经销商。因为
这些经销商提出参与电商发展并组建了团队，九阳就没有将这些
经销商排除在外，所以也给了线上经销授权。九阳负责与 B2C 平
台谈判，但由经销商负责备货并配送到平台仓库。京东就有 4 家
九阳经销商提供服务，但只做京东自营平台，未进入第三方平台。
此外，有的经销商自己开零售网站或在天猫开设专卖店。在天猫，
九阳开设了一家旗舰店和 13 家专卖店。在亚马逊，九阳在其自营
平台和第三方平台都有经营。

九阳对于线上经销商的产品加以错开，将不同的单品引导到
不同的店铺，每个店铺产品组合不完全等同。以九阳某产品线为
例，单独的一家电商无法同时做好该产品线 30 个单品，但可以做
好其中 1 ～ 3 个单品。此外，线上消费者希望下完单就尽快拿到
货，因此九阳需要多家电商配合，而不是少数几家。以淘宝体系
为例，消费者清楚店铺注册地址与发货地址，往往就近购买。但
是，淘宝不支持同一家电商开多家同品牌店铺，这就需要多家经
销商参与经营。

九阳 40 家线上经销商基本覆盖全国，北京、上海等发达地区
店铺偏密集，西部布局较为稀疏。通过产品错开、地理分散，九
阳就可以将各家经销商的业务形成特色。如果公司的宣传重点是
豆浆机，就可以引流到豆浆机店铺；如果传播重点是铁釜电饭煲，
则将流量引到电饭煲店铺；如果同期活动涉及多个产品，则按照
不同话题引到不同店铺。官方微信和微博也可以将粉丝引到相应
店铺。

价格融合

九阳的线上经销商拿货价格与传统线下经销商保持一致。同样的产品,线上线下零售价也一样。极个别产品的价格不一样是因为某一核心单品只在 2 ～ 3 家店铺推广,而其余店铺进行衬托,有意形成价差,以引导消费者去主力店铺购买。九阳给线上经销商的返点政策也与线下经销商类似。九阳的返点比重不大,希望经销商以进、出货差价为主要盈利模式。为此,九阳给经销商的折扣点就要有足够空间,确保经销商必须有足够差价维持盈利,促使经销商注重良性运营过程,而非恶性跑量,例如跨区窜货或低价销售。但是,基于同一个原产品的同类产品在线上、线下还是会出现一些价格差异。线上价格往往会比线下低一点,九阳对此暂时没有办法解决。不过,由于包装错开,线下、线上串货情况很少,但也有一些店铺会将没有错开的产品放到线上出售。九阳只能管到 85% 的产品,因为部分店铺不受九阳管控,比如淘宝体系就不接受九阳管控。

"双十一"战略

"双十一"是中国电商行业的重要活动,"双十一"也是九阳全公司的重点工作。在"双十一"期间九阳派出事业部总经理、研发总监、工程师,营销总经理、公司副总裁等全部到电商店铺一线,直接做客服并接待消费者,以了解消费者需求,感受消费者的关注点,公司也会对他们的工作进行评比奖励。2014 年"双十一"活动九阳销售额达到 1 亿元,2017 年达到 4 亿元,九阳

"双十一"广告也充满了娱乐化。

九阳"双十一"策略除了正常产品布局、平台资源支持，最大特点是站内、站外合作与引流。九阳与各大电商平台共同提升热度并进行资源置换，比如九阳线下投了很多代言人的广告，同时带上天猫平台或京东平台信息，而这两个平台则与九阳置换其站内资源用于"双十一"引流。九阳在淘宝内容输出质量方面运作较好，因此淘宝内容板块的资源也给九阳带来了流量。

2017 年"双十一"期间，很多品牌遇到流量增长较慢的情况，但九阳流量增长超 50%。以往"双十一"仅是电商行为，而在 2017 年"双十一"九阳实施了线上、线下整合推广策略，把"双十一"定义为真正的全民"双十一"——不分线上与线下，采用统一主题，主打重点产品。以豆浆机为例，九阳在线上、线下同时推广代言人签名定制款豆浆机与豆浆养生食材包。虽然线上、线下价格有所差异（线下价位 1000 元，线上 700 ～ 800 元），但由于线上、线下产品消费人群不同，而且产品品相差异够大（线下产品外观更为高端），因此没有造成不利影响。

九阳的做法在全国范围属于首创，以前线下、线上推广分开——线下注重国庆节、元旦春节档促销，而线上主推"双十一"。九阳将两大渠道融合，其线下广告的下半年重点也是放在"双十一"档期。九阳还将"双十一"与产品精品化策略结合。线上开始主推精品化产品，而往年主推卖得好的中低价位产品。由于九阳与各大电商平台联合推广中高端产品，客单价也比 2016 年提高了 30%。

新产品的互联网营销

九阳三个代表性全新产品——面条机、铁釜电饭煲与 Onecup 胶囊机的发布和推广都采用了互联网营销。其中面条机是全新品类，铁釜电饭煲是一个成熟品类中的新概念产品，而 Onecup 胶囊豆浆机则是以全新生活方式的理念推广。

面条机：线上首发

与九阳其他全新产品上市不同，九阳 2013 年创新产品面条机的首发在线上进行。九阳利用了天猫商城的聚划算频道"聚新品"模式，当时只有 10 天准备时间并需要提供 1 万台产品。这存在供应风险和质量风险，但九阳与供应商调动了所有资源并确保了产品供应。

九阳首先确定目标人群。北方人吃面食较多，而南方人吃面食则有特定阶段，比如将其作为婴幼儿辅食。因此，九阳还是将"宝妈"作为突破人群。之后，九阳依托于社会化媒体加以推广。这些"80 后宝妈"刚刚进入生育高峰，育儿方面不喜欢遵从老一辈经验，因此特别关注微博上的育儿达人。同时，她们本身也是微博活跃用户，购物渠道和信息获取渠道基本上就是电商和社会化媒体。

不同于传统思维下的微博营销，通过精心制作文案、噱头来吸引消费者关注，九阳微博和论坛上的面条机热议全部来自 KOL 及其粉丝，通过用户产生内容（User Genterated Content，UGC）来影响消费者。九阳在微博上找到了与自己目标人群最吻合的用户——一个专门教人怎么给宝宝制作辅食的资深育儿专家的微博,粉丝活跃性极高。九阳通过该微博,提供 50 台面条机给粉丝中的年轻妈妈试用,并请妈妈们试用后上传各种充满创意的宝宝面条制作食谱。其实这 50 位粉丝也都是 KOL,在微博上以圈子形式活跃着,共同特征是专注母婴领域,每位 KOL 的粉丝在 30 万左右,属于草根意见领袖,有号召力但不是枪手,对普通网友更具实际操作和模仿意义。

50 位 KOL 一收到面条机就马上开始试用新产品,妈妈们在微博中所晒内容的丰富度、细致度大大超出九阳预料。每人都发了 3 条微博晒出面条机的详细使用过程,以及她们的孩子吃面条的萌照,每条微博转发量和评论都在 100 以上。当粉丝留言或私信询问面条机价格、哪里能购买时,这些 KOL 回复粉丝“现在还是试用阶段,数天后会在天猫首发”,并给出天猫首发链接。整个过程中,九阳官方微博完全没有出现。但在首发前后一周,百度“面条机”搜索指数剧烈增长,“面条机”也成了微博热门检索词。这一次在新浪微博上的线上营销活动投入不到 10 万元,但效果大大超出了九阳预期。

接着,九阳官方微博开始推广面条机,以引起大家对面食文化的回归和回忆。九阳将面条机赋予情感价值——“妈妈的味道”,面条机做出来的面条更像自己小时候妈妈亲手做出来的手擀面。该微博互动参与人数也远远超出预期。九阳发现,靠活动在微博上拉很多人过来不难,但难的是互动活跃数和评论转发数。

通过 KOL 的微博推广与九阳微博“妈妈的味道”主题推广,

九阳面条机的上市获得了成功。2013 年 4 月 23 日，产品首发，定价 699 元（在小家电领域属于较贵产品）。首发 3 天共卖出 8 920 台，九阳仓库一度断货。新浪微博共为天猫的九阳面条机销售专卖店引流 25 835 次。在 8 920 个成交订单中，有 4 241 个直接来自新浪微博，直接访问转化率为 18.24%。上市当年九阳面条机销售额超过 6 000 万元，2014 年达到 1.5 亿元。

铁釜电饭煲：线上推广

九阳进入电饭煲领域较晚，但通过全新产品铁釜电饭煲的线上发布推广，九阳电饭煲迅速进入三甲。电饭煲市场规模大、品牌认知强，各品牌都有特色。九阳的产品差异化是铁质内胆与电磁加热（Induction Heating，IH）方式。

铁釜电饭煲上市前，九阳本来打算只做线下传播，但看到面条机线上首发成功，觉得通过互联网与消费者互动效果很好，于是设计了铁釜电饭煲的免费产品活动，引发有趣话题，并以微信、微博传播，很快提升了关注度。2014 年 5 月，铁釜电饭煲上市，通过微信、微博传播活动信息，让用户参与免费获得产品试用机会。九阳为此投入 1 万台铁釜电饭煲作为免费产品，同时挑选苏宁、家乐福等实体店备货，产品定价 699 元（当时电饭煲市场均价 399 元），上市后不少实体店纷纷要求补货。通过互联网传播和线上线下共同首发，其销售主力很快转到了线下。

铁釜电饭煲第二代产品上市也同样采用了线上推广模式。九阳深挖"材质"和"重量"两个亮点，推出了"4.0 铁釜饭煲"——

铁质锅胆，重量高达 4 斤，在原材料、制作工艺、内胆厚度和形状等方面做了全面升级。2015 年 9 月初，九阳官方微博透露了一套"谍照"海报，从不同侧重点去渲染电饭煲的神奇，引起了网友的猜测和好奇，吊足网友胃口。随后，九阳官方微博正面发声，宣布九阳"4.0 铁釜饭煲"正式上市。同时创建了名为"4.0 岂止于重"的微博话题，面向广大网友发起了一场"4 斤有多重"的微博互动，引导网友寻找身边 4 斤重的东西。为了更大程度地激发网友的参与度，推动活动的传播，九阳还选择了每天送出 100 台"4.0 铁釜饭煲"的活动，让消费者得到实惠，为产品的初次登场造声势，同时也预埋了第一批口碑传播的种子用户。第一轮微博互动刚结束，第二轮"一张图证明你缺铁"互动又立刻跟上。新的互动延续前一阶段积累的传播热度，深化消费者对"铁釜"的认识。微博互动的影响力及传播效果超过预期。不到 1 个月，单话题阅读量超过 5 200 万，话题讨论数超过 52 万。一大波微博大 V 也参与了这场微博互动。

微博大面积曝光让九阳积累了足够多的用户关注度。9 月中旬，九阳推出 H5 互动游戏——"疯狂讨饭王"，让消费者更全面了解"4.0 铁釜饭煲"，同时增加传播深度，填补微博传播中遗漏的潜在用户。H5 通过邀请好友共同参与，收集米粒、赢取饭煲，抓住了受众拉好友赢大奖的心理，提高了用户自主转发传播的积极性。H5 互动游戏最终获得超过 1 000 万曝光，传播效力不逊微博。第二代铁釜电饭煲上市之际，恰好国内各媒体热议中国游客到日本抢购电器产品现象，九阳策划了"国货"PK"日系"的活动，启动"带着铁釜去日本"的测试活动，带着"4.0 铁釜饭煲"到日本东京做了一场消费者测试活动。日本消费者的反馈视频通过网上传播，强化了国内消费者对九阳品质的认知与信任。

Onecup 与其他：线上发布

2014 年上市的九阳全新产品 Onecup 胶囊豆浆机也采用线上首发。当时决策以线上销售为主，先做天猫一家旗舰店，再做京东，并在这两个渠道做公测。但这个产品首发后销售不是很好。九阳对前期线上客户进行了消费者座谈，了解其购买动机与使用感受以改善产品。九阳对非全新产品也进行了线上发布并取得了较好效果。例如，九阳 2014 年线上首发了原汁机新品 E16。这款当时最贵的原汁机当天就卖了 3 000 多台。2012 年，九阳推出一款预约豆浆机。由于预约（定时）功能增加了成本，产品价格较高（599 元），线下销售并不好。2012 年"双十一"之前，九阳将这款单品放到互联网上推广，把产品的概念、诉求点进行了调整，提出"每天让你多睡一小时"的口号，把预约功能转化成消费者需求——年轻人睡得晚，早上需要多睡一小时。这款产品经过线上重新包装推广，重新定价（499 元），最后卖到断货（销量近3 万台）。九阳发现，对于激活消费者需求，有时线上更加有效。

基于线上发布和推广经验，九阳决定：重要产品都将通过电商来做首发，以此整合营销实践，把力量聚合在一个点上，引爆产品销量并为公司带来价值。九阳 2017 年上市的创新产品——胶囊果汁机、洗碗机、无人豆浆机等也都采用了线上首发的模式。

互联网时代的营销管理

九阳面临的消费群体原来都是线下的，互联网逼着九阳更加主动地迎接挑战。一位九阳高管说："刚刚进入互联网，移动互联网进来了。移动互联网还没有搞明白，物联网又要来了。这个时代变化太快。我们要成本更加低，效率足够高，做的东西要让消费者认可，压力越来越大，整个行业竞争完全可能是'红海'。"

九阳互联网营销和电商无法像纯电商品牌一样运营。反过来，九阳又有很多线下实体店支撑，可以带给消费者真实体验，而非网上虚拟体验。九阳很多决策还得兼顾线上和线下。由于线上、线下的区别，九阳的决策复杂度大幅度提高。比如，电商渠道需要产品差异化，但事业部需要产品统一化；电商促销与线下活动不同，需要协同不同部门进行管控；电商部门开发了不少产品往往会出现滞销库存，这也给事业部带来了压力。此外，电商利润优势也正在逐步消失。无疑，九阳需要尽早考虑如何真正融合线上、线下运营。

2014 年初，王旭宁提出了九阳"互联网元年"的概念。从这一年开始，九阳开始进入第三个十年的发展阶段。虽然线上业务流程逐步建立，但新的增长则需要创新机制。出生在互联网时代的"90 后"开始成为职场主力军，需要通过组织发展、机制设计，真正把每一个人的自主性、创新意愿激发出来，让创新得到认可和激励。九阳内部架构开始变得更加扁平化，更强调业务流程平行流动，办公也从 PC 端转移到了手机端（微信群、办公

OA）。对一些关键事项、疑难杂症，九阳则设置跨部门阶段性项目小组——特种小分队。

············

九阳以积极心态拥抱互联网所带来的变化，但互联网改变商业实践的惊人速度让九阳深刻意识到平衡好线上、线下经营活动的重要性，线上线下需要进一步融合。"全品类"发展也给九阳在平衡营销资源并打造整体品牌方面带来了新的挑战，也带来了新的机遇，九阳需要认真应对这些问题，以尽快实现百亿销售目标。

CHAPTER 8

第 8 章

欧普照明

互联网时代电商事业的发展和探索⊖

　　"突破 15 亿。"2016 年 12 月 22 日，欧普照明副总裁、电商事业部总经理王烨发了一条朋友圈，纪念欧普照明的电商销售额在年底突破了 15 亿元人民币。短短五年，欧普照明电商事业部成绩斐然——从不懂互联网到成为照明行业的电商龙头；电商渠道销售额连年上涨，五年翻了近 40 倍。趁着年底全公司都在总结之际，电商事业部对过去五年的发展和探索过程进行了一次复盘……

　　欧普照明（见表 8-1）成立于 1996 年，是一家集研发、生产和销售于一体的照明企业。成立以来，公司以家居照明灯具、光源、商业照明灯具、照明控制等产品销售（见表 8-2）为主营业务，

　　⊖　本案例作者为中欧国际工商学院陈威如教授，黄钰昌教授，案例研究员钱文颖，研究助理沈飞（于 2017 年 5 月共同撰写，数据截至 2016 年 12 月）。在写作过程中得到了欧普照明的支持，并参考了现有公开信息及企业授权资料（均已在书中注明）。

一直保持平稳快速发展，并跻身中国照明市场前三名（见表 8-3）。

表 8-1　欧普照明发展历程

时间	大事记
1996 年	创始人王耀海、马秀慧夫妇创立照明公司
1998 年	启动品牌战略，使用欧普品牌
1999 年	扩能建厂
2004 年	开拓海外市场
2009 年	总部搬至上海
2012 年	吴江生产基地投产
2013 年	"双十一"欧普电商实现销售额 6 000 万元，品类排行第一
2015 年	在中国市场上全年销售额反超雷士照明和飞利浦照明，成为行业第一
2016 年	成功 IPO，登陆上交所

资料来源：根据欧普照明公开信息整理。

表 8-2　欧普照明产品品类划分

类型	产品系列	2015 年		2014 年		2013 年	
		收入占比	毛利占比	收入占比	毛利占比	收入占比	毛利占比
家居照明灯具	客厅、卧室、书房、厨卫等 13 个系列 500 多个品种	40.41%	44.97%	38.72%	41.52%	43.52%	47.03%
光源	包括 LED 节能电光源（球泡、灯杯、蜡烛泡灯）、灯管和支架	21.75%	17.2%	25.69%	22.01%	27.52%	23.99%
商业照明灯具	包括筒灯/射灯、灯盘、泛光灯、路灯、天棚灯系列	19.31%	15.58%	17.86%	15.15%	14.33%	11.01%
照明控制及其他	集成吊顶、开关、插座浴霸等	18.53%	22.25%	17.73%	21.32%	14.63%	17.97%

资料来源：欧普照明首次公开发行 A 股招股说明书。

表 8-3　欧普、雷士、飞利浦 2013 ~ 2016 年业绩增长情况

	销售收入（亿元人民币）				增长率		
	2013 年	2014 年	2015 年	2016 年	2014 年	2015 年	2016 年
欧普	33.9	38.4	44.7	54.8	13.4%	16.4%	22.6%
雷士	38	35	38.7	38.3	−7.9%	10.6%	−1.0%
飞利浦（采光 / 全球）	708	512	529	518	−27.7%	3.3%	−2.1%

资料来源：欧普、雷士、飞利浦企业公开财报，其中飞利浦的数据为其全球的采光项目。

但进入 2012 年，欧普照明却遇到了前所未有的危机：一方面，照明技术出现了颠覆性变革，LED 照明迅速取代了白炽灯和节能灯市场；另一方面，电子商务的浪潮下市场涌现出一批照明产品的"淘品牌"，全年照明产品线上总销售额已达 6 亿元，同比增长 200%。传统照明市场格局面临洗牌，在这样的市场环境下，欧普照明产品的销售增速也出现明显下滑。2012 年下半年，公司总裁马秀慧决定成立电商渠道部，布局电子商务以应对照明市场的新变化，并任命王烨负责公司电商业务的探索和发展。然而，一系列问题接踵而来。

公司大部分部门负责人对电商业务持反对意见，认为会影响原业务线的发展，电商渠道部该如何取得其他部门的认可并获得业务上的支持？传统照明行业线下渠道存在不明码标价给门店谈价空间的"潜规则"，而电子商务的特点是价格透明，电商业务如何运营才能避免和线下渠道冲突？传统照明产品的特点是研发周期长、供货量大，而电商照明产品的特点是小批量、快速更新，电商渠道部该如何解决线上产品的研发、生产和物流递送问题？

发展背景

2011年，正值传统照明市场产业变革的阵痛期，随着LED技术改善、价格下降以及政策推动，传统的白炽灯和节能灯被迅速兴起的LED照明所替代，国际照明巨头纷纷调转船头大力投资LED业务。产业技术的快速颠覆，打破了传统照明行业的市场格局，整个行业被重新洗牌，一夜之间国内的照明企业好像回到了同一起跑线上。在市场普遍技术储备不足的情况下，中小企业"船小好调头"，迅速转型LED技术，成长迅速；而已经跻身全国第三名的欧普照明内部却还在反复讨论LED技术何时爆发，公司业务增速开始放缓。

此时马秀慧预先看到了电子商务的巨大潜力，决定成立电商渠道部，探索电商业务以应对照明市场的新变局。

2012年，欧普照明电商渠道部成立。此时，国内照明市场已经涌现了一批线上运营的电商企业，如奥朵、翰源等"淘品牌"。2011年"双十一"，整个灯具灯饰总销售额才突破2亿元，2012年已达到6亿元，同比增长200%[⊖]，其中奥朵以每年超过100%的速度增长，到2012年交易规模已经增长到2.5亿元。这些"淘品牌"大都出自产品已经全面转型LED的中小企业，品牌呈现年轻化、个性化特点，满足了热爱网购的年轻人的需求，"淘品牌"的运营团队整体都很年轻，善于运用电子商务。而欧普、雷士等传统照明品牌则因为企业以传统渠道为重点，对新兴业务不了解，

⊖ 中国之光网，灯具灯饰品类历年双十一战绩对比。

在 LED 转型和电商化的进度上都比中小企业晚了一步。由于线上迟迟没有官方的旗舰店，导致全国各地出现不计其数的经销商在电商平台上开淘宝店，以略高于出厂价的价格销售，搅乱了照明行业的价盘。

马秀慧虽然看到了电子商务的趋势，但是在找寻电商渠道负责人选上也花费了一年的时间。她在外聘电商人才和提拔内部管理人员之间反复权衡，经过斟酌，最终决定从公司当时现有高管中挑选，并选定了王烨接手。她认为王烨有销售与供应链管理背景，无论是工作经验还是管理风格都非常适合新业务拓展。

王烨，2010 年在欧普总部从广东省中山市迁往上海时入职，2010 ~ 2012 年一直担任公司供应链管理中心总监一职。在此之前，他曾在外企达能集团以及国企青岛啤酒担任供应链高管职务。接到马秀慧任命时，王烨的第一反应是兴奋中带有困惑，因为自己"对电子商务一窍不通，甚至都没有在互联网上买过东西"。

王烨兼任电商渠道负责人后，总裁马秀慧多次与他开会商讨电商业务的商业模式。在马秀慧看来：

欧普照明过去十几年之所以发展迅速，是因为在 2000 年和 2004 年两个发展关键时期，构建了合适的商业模式、选择了正确的发展路径，才逐渐形成在照明行业的领先态势与竞争壁垒。现在公司再一次到了发展关键时期，第一要务应该是构建适合欧普照明发展的电商模式，以确保欧普在下一个十年里仍然具备领先优势和竞争壁垒。

而王烨认为：

公司没有电子商务的运营经验，也缺乏懂电子商务的互联网人才；此时构建的商业模式未必合理；希望电商渠道事业部能够边发展边探索半年时间，在实际的运营过程中总结经验，再形成合理的电商模式。

马秀慧有更多问题需要考虑：一方面，她希望电商能够成为公司销售的新渠道；另一方面，她又要权衡线下经销业务的利益。她希望王烨能想出一个相对全面的方案，既能发展电商渠道，又能尽量减轻与公司原有业务的冲突。

2012 年上半年，王烨接连提出了几套方案，但都没有得到公司认可。2012 年底，马秀慧邀请电商领域的专家、阿里巴巴前总裁卫哲为公司提供"外脑"支持，希望能够推动电商模式的确定，并与卫哲深刻讨论了公司期待的 O2O 方案——利用欧普线下几千家门店资源，与线上平台做互动，形成销售和服务的"天罗地网"。对于这个方案，卫哲认为为时尚早，公司当时还不具备这么超前的商业环境，无论是员工、经销商的思维，还是电商的竞争态势、实体店的价格体系、服务能力均没有达到可以形成互联的能力。公司大部分业务部门负责人也对 O2O 方案有异议，认为这个模式会对原有业务造成巨大冲击，激化公司与经销商的矛盾。电商模式的构建陷入僵局。

与此同时，欧普照明的电商销售有了新成绩单——2012 年"双十一"当天卖了 1 600 万元，全年实现 4 400 万元销售额。公司逐渐不再提商业模式的事，但马秀慧私下表示，可以放手探索业务。

欧普照明电商布局的初步探索

面临生存危机，无货可卖

在大家争论电商发展模式的同时，首先摆在电商渠道部这个新成立部门面前的问题是如何生存下去。此前电商业务只是公司年轻员工在线上平台小规模的实验性销售，并没有引起公司各部门的注意，而当前公司正式成立了电商渠道部，其他部门都担心新兴渠道会对原有业务产生负面影响，因而对电商渠道部的业务开展形成了一定阻力，具体体现在以下两个方面。

一是线上和线下产品定价的冲突。传统照明行业零售价格不透明，线下门店零售有着不明码标价的"潜规则"，不同顾客在不同门店购买同一型号的产品时，价格大都不同，不懂"门道"的顾客很有可能以更高的价格购买。而电商渠道的性质及竞争态势决定了线上必须明码标价且价廉物美。

经销网点零售业务是当时欧普照明的主要营收来源，是欧普在与外商品牌如飞利浦等竞争中的独特优势。截至 2012 年 9 月 30 日，欧普照明在国内分布各地的经销商共计 3 100 家、旗下终端销售网点 27 000 家。若电商渠道销售与线下相同的产品，将对行业既有的定价体系产生巨大冲击，损害经销商利益。为了避免和线下渠道的直接冲突，电商渠道不能从公司已有的产品中获取货源。

二是公司组织结构的滞后。2012 年欧普照明的组织结构（见图 8-1）是高度管控型的，总部的职能部门如产品研发、市场、财务、制造、供应链等部门决策权很强，而当时的 B2B、B2C 事业部实际上只是销售渠道部门，并没有获得独立的研发、采购、生产等授权，每个渠道负责人都直接和总裁汇报，由公司产品部门根据各渠道的需求立项，再经过研发、制造和供应链各个部门，整个产品从立项到上市可能需要一年甚至更长的时间。而电商渠道规模小，产品需求零散、批量小、更新快，公司的产品开发流程周期太长，无法解决电商渠道当下没货可卖的燃眉之急。

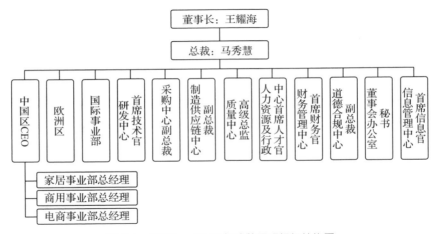

图 8-1 2009 ～ 2013 年欧普照明组织结构图

资料来源：企业提供。

搭建新的供货系统，解决产品定价和货源问题

条条道路通罗马，2012 年下半年，王烨仍兼任供应链管理中心负责人，利用在供应链部门的资源，他集成研发、制造、供应链等部门成立了电商新产品开发供应团队。通过团队的紧密合作，电商渠道部在短时间内持续不断地开发了小批量、外形设计多元

化的家用照明的电商产品，初步解决了供货渠道的问题。

在产品定价方面，电商团队将线上主要照明品牌的各个产品线定价都逐一研究了一遍，经过内部多次讨论，考虑到欧普的品牌溢价能力和产品品质优于线上的"淘品牌"，最终决定将线上产品的定价在"淘品牌"产品价格的基础上提高 30% ~ 50%。这个定价策略让欧普电商逐步提高了市场份额。

但问题并没有真正解决。按照公司组织结构设定，所有新产品的研发都需要由公司职能部门研发中心立项，然而电商渠道销售的产品是跳过公司的研发、采购、制造等产品职能部门，直接由电商团队通过外协供应商研发、生产的。对此，产品部门（包括研发、采购和制造部门）和其他销售部门并不知情。此外，电商团队的线上产品定价策略因为担心引发内部矛盾无法执行，所以也没有跟公司汇报和讨论。

2012 年"双十一"线上销量喜人，但低价促销引发了线下经销商的集体抗议。产品部门（包括研发、采购和制造部门）和其他销售部门对电商渠道部无视其产品规划权和定价权的行为非常不满。几乎在每一次高层会议上，电商渠道部都是众矢之的，要面对各个部门负责人的质疑和指责。此时，总裁马秀慧极力控制局势，缓和部门之间的矛盾。她没有在公开场合为电商渠道部说话，但也没有撤销电商渠道部独立的新产品开发供应团队。

2013 年，供应链管理中心由副总裁马志伟接手。为了保证电商部门货源的稳定和持续，王烨起草了一份协议，并和马秀慧、马志伟三人一起签署了这个协议，主要内容大致为：电商部门所需以下几类产品XX、XX……（以表格形式呈现），电商部门提需求可以不通过公司产品部，直接和电商新产品开发供应团队对接。虽然产品规划权和定价权问题并没有得到实质解决，但这个没有盖章的协议给了王烨一个"定心丸"——两位马总的签字一定程度上默许了电商渠道部先放手发展的思路。此后，电商渠道部70%～80%的业务是由自己的新产品开发供应团队提供产品。

服务跟不上，后台系统亟须升级

新的问题开始出现，电商渠道日常销售量开始迅速增长，虽然定价是竞争品牌的1.5倍，但从2013年初1万～2万元的日销售额发展到年底已达数百万元，日销售额峰值1 600万元。但公司的后台服务能力却没有跟上销售速度，导致发货处理过慢、丢件等问题频发。欧普照明的天猫旗舰店评分甚至一度降到了4.2分（满分5分），几乎在行业排名中垫底。

王烨意识到电商渠道需要建立承接能力更强、兼容性更强的后台系统。订单管理系统需要能够承接天猫、京东以及其他不同电商平台的不同需求；仓储管理系统也需要按照电商物流的特性重新搭建，加强对订单物流状态的管理。

独立运营

成立独立电商事业部

2013年，公司将电商渠道部升级为电商事业部，这是欧普照明第一个真正的事业部，在两位马总的支持下，电商事业部获得了更多授权，内部有了相对独立的产品、销售、市场、供应链、财务和人力资源的支配能力。原先集团的后台部门不再"凌驾"在电商部门之上，而是成了电商事业部的内部供应商，电商事业部在产品研发时可以根据产品类型、谈判价格来选择是和公司的产品部门（包括研发、采购和制造部门）合作还是与外部供应商合作。

精细化运营

2013 年，欧普电商事业部开始探索精细化运营。首先是对订单处理的优化，做到了"双四原则"，即当天下午 4 点前收到的订单当天发货出去；当天下午 4 点后的订单必须第二天下午 4 点前发出去，形成 24 小时滚动机制。其次是应对"双十一"等订单高峰，欧普电商采用多种方法优化物流仓储，提高效率，比如将服务器建设在云端，在特殊时间段临时扩容；通过中介雇用临时工作人员，租赁设备、车辆快速提高承接能力。

引进外部人才

电商事业部成立后，有了独立的人事权，开始启动外部招聘。在此之前，电商渠道部仅有个位数的员工，大多是王烨原先供应链部门的下属，整个团队对电子商务和互联网并不了解。第一年生存期阶段，各个员工都是"多面手"，在不断解决问题的过程中迅速学习电商的实战经验。但伴随着电商平台的快速发展，电商事业部需要更多有电商运营能力、有创新精神的年轻人加入。

2013 年底，电商事业部的核心团队基本建立，成员扩充到十几个。除了王烨和供应链后台的负责人外，其他成员平均年龄仅

26 岁，年轻未婚，团队每晚工作到凌晨仍然充满干劲。在团队的努力下，2013 年"双十一"欧普电商销售业绩增长至 6 000 万元，打败了众多"淘品牌"，成为照明品类行业第一，全年实现业绩 2.6 亿元，发展增速 400%。

开启绩效改革先河

总裁马秀慧曾承诺如果电商部门业绩好会给予现金激励。2012 年底，王烨觉得是时候为部门争取现金激励了。但这又引发了新矛盾，因为电商部门现金激励方案与公司人力资源现行的绩效管理方法并不协同，公司绩效管理遵循传统企业的"平均主义"，根据 KPI 达成情况来发放工资。2011 ～ 2013 年公司因为行业技术转型导致业务发展放缓[⊖]，大部分部门都未达成 KPI，一些销售团队收入甚至要打七折。在很多部门都拿不全工资的情况下，唯独电商部门要拿现金奖励，这引起了其他部门的抱怨。

王烨从 2013 年 1 月开始和人力资源部门谈判，9 个月后确定了可以说是欧普"第一份"真正的分红激励方案，当年电商团队获得了大约 600 万元的现金激励。而这份激励的兑现引起了轩然大波，却也奠定了欧普未来激励模式的雏形。

电商事业部进一步发展

欧普电商在 2014 ～ 2016 年实现了业绩的飞速增长，"双十一"的销售额分别是 9 443 万元、1.218 亿元和 2.046 亿元，

⊖ 2011 ～ 2013 年欧普照明营业收入为 26.87 亿元、31.38 亿元、33.90 亿元。

全年的销售额分别为 6 亿元、10 亿元和 15 亿元（见图 8-2），占欧普照明总销售额的比重从 15% 上升至 25% 左右，成为公司业绩增长新引擎。欧普电商销售业绩的快速发展主要归功于其在组织结构、人才管理、绩效制度等方面的不断调试，以及在运营策略、官方商城等新渠道方面的探索。

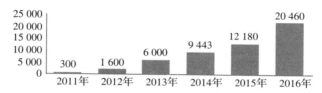

图 8-2　欧普照明历年"双十一"电商平台成交额（单位：万元）

资料来源：陈海红，《"双 11"照明电商战绩对比谁起谁况？》，阿拉丁照明网。

组织结构调整

电商事业部内部一直在进行组织架构的试错和调整，组织架构变化经历了三个阶段。

第一阶段（2012 ～ 2013 年）：这个阶段电商部门组织松散，团队没有明确分工，主要以项目事件驱动，遇到促销活动时往往是店铺店长带领大家一起并肩作战。

第二阶段（2013 年底 ～ 2015 年）：开始形成以产品部、销售部、推广部、后台部为核心的相对快速型、职能型的组织架构。团队分工明确，在新品开发、仓储及售后等各个环节由专人专项负责，实施 KPI 导向；在"双十一"等大促活动中则以店铺为中心，实现各环节联动。

然而，电商运营出现了新变化。一方面，传统广告营销效果开始衰退，过去巅峰时期广告推广投入产出比能达到1元钱的投入带来20元销售额的产出，而一年后同样的投放效果直接折半。另一方面，电商渠道前端的营销策略需要更快的响应速度，雷士照明等传统照明行业竞争者也已经开始重视电商业务，紧追猛赶。竞品在推新品、做促销等营销方式上越来越接近，团队刚上线一个促销页面，往往半小时后竞争对手就大同小异地跟进了，并提供更有价格优势的同款。王烨认为，职能型组织架构在部门业务发展到一定阶段时，会像公司原先滞后的组织结构一样拖累前端的运营效率。

第三阶段（2015～2016年）：形成品类小组制（见图8-3）。2014年互联网品牌韩都衣舍⊖异军突起，受韩都衣舍小组制的启发，王烨把电商事业部传统的职能型组织打散重组，快速提高了互联网运营所需的反应能力、创新能力和协同能力。

欧普电商根据照明业务的特性，组织了电商事业部的品类小组，经过一年的迭代，形成了灵活的组织结构：纵向是按品类（照筒/射灯、浴霸、家居吸顶灯、吊灯、电工等）形成三人小组，一

⊖ 韩都衣舍电商集团创立于2006年，是中国最大的互联网品牌生态运营集团之一。2012～2015年，在国内各大电子商务平台，连续四年行业综合排名均为第一。韩都衣舍独创的"以产品小组为核心的单品全程运营体系（IOSSP）"是企业利用互联网提升运营效率的一个成功案例，通过内部孵化、合资合作及代运营等，韩都衣舍品牌集群达70个，包含女装品牌HSTYLE、男装品牌AMH、童装品牌米妮·哈鲁、妈妈装品牌迪葵纳、文艺女装品牌素缕、美国户外品牌Discovery等知名互联网品牌。

位负责产品销售，一位负责详情页设计，一位负责营销推广；三人小组 KPI 绑定，目标一致，小而灵活，能够快速应战。横向则是淘宝、天猫、京东等销售渠道平台。纵向品类小组成为横向渠道平台的内部供应商，当店铺有活动时，店铺店长通过"招商"形式从品类小组中挑选最具爆款潜力的产品进行营销推广。品类小前台的建立形成"尖刀"效应，使得欧普电商的日常销售能力快速提升，2016 年"双十一"销售额超过 2 亿元，全年销售额超过 15 亿元。

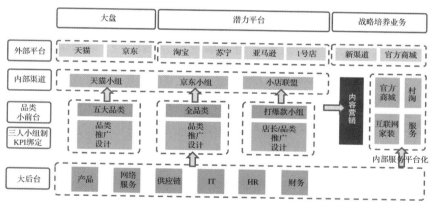

图 8-3 电商事业部组织结构图

资料来源：根据欧普照明实际情况整理。

人才管理创新

截至 2016 年底，电商事业部总部核心员工增至 40 名，流失率几乎为零，这主要得益于充分放权的人才管理方式。欧普照明中国区的 CEO 丁龙评论王烨的领导风格时说道：

他认为自己对电商不了解，但他部门的小伙伴很了解，他能做到的是让每一个人发挥他们自己的能力。王烨会跟大家讲，我们要保证每年至少 50% 的增长，你们去做吧。下面小伙伴们自己讨论。讨论完了以后他再看，看完了以后，不行，你们再改。最后他的方案，其实是小伙伴们做的，所以他的战略其实是大家认可的。但是王烨本人是不是参与了？一定也是参与了。

自由：不要求员工定时上下班，只要完成工作，可自由选择办公时间和地点。

授权：在日常运营的决策上，一开始就充分授权，结果导向，让员工自主思考、讨论、执行、修正。后期为了进一步提高员工的合伙人意识，王烨建立了电商事业部月度轮值 CEO 制度，让轮值 CEO 负责事业部的日常管理。

老人干新活、新人干老活：王烨认为，欧普电商就是贯彻了"老人干新活、新人干老活"的人才管理策略。相较其他家装平台聘请外部专业互联网人员、高层频繁换血、人员流动大的情况，欧普最初搭建的电商核心团队基本是从公司其他部门抽调的员工。这群"老人"在部门发展初期相比"外来的和尚"，更容易快速调配资源，并减少部门冲突；欧普电商业务走上正轨后，王烨将原先职能型的组织结构打散，将原先产品、销售、后台等职能部门的"老人"分配到孵化新业务上去，探索电商未来几年新的业绩增长点，把成熟业务留给新人锻炼。而这些新人都来自每年在大学里招聘的管理培训生，这些年轻人一步步成为电商核心老员工，成就感和忠诚度不言而喻。

绩效制度建立和完善

除了在人才管理上给予员工更多自主权以激励年轻员工的积极性外，电商事业部开始制定并细化绩效考核制度，通过将奖金绩效制度化来激励员工。

根据电商零售业务的特性，电商事业部制定了以下绩效制度：电商事业部员工的收入采用"低底薪、高提成"的薪资模式，主要分为三部分：基本工资、日常业绩提成和超额利润奖。其中日常零售业绩提成按月发放，部门每个员工的提成会乘以不同的岗位系数，比如销售岗位系数相对较高。超额利润奖则年底发放，2014 ～ 2016 年期间，超额利润奖按达到预设目标的阶段，发放定额奖金；从 2017 年开始，超额利润奖以该年度比去年利润高出部分为基数发放奖金。

运营策略的试错迭代

欧普电商除了促销模式，在日常运营中的销售能力也逐年上升，从原先一个月几十万元的销售额增长到一个月亿元级的销售额，这个成绩和近几年事业部在运营策略方面不断试错迭代分不开，主要体现在以下几个方面。

新产品规划、推出时间的变更。原先欧普电商一年集中两次推出新产品，提前半年开始做产品规划、制作，然后选在 6 月、11 月两次节日大促期间，借助大促流量推新品。而在实际运营中，团队发现在大促时上新品并不合理——没有销量和评价的积累，消费者只能凭外观和价格做判断。经过不断试错，团队将产品规划时间和新品推出时间均提前 3 个月，新品有 3 个月的时间做日常运营，通过日常销售的数据，可以精准地筛选出更受用户欢迎的产品，集中广告、内容营销资源在大促时推"爆款"。

物流仓储能力升级。电商和传统物流仓储存在较大差异，传统物流仓储呈现"少品种、大批量、少批次、长周期"的流通性特点，存储区和拣配区可共用；运输地点固定单一，容易产生规模效益。而电商呈现"多品种、小批量、多批次、短周期"的存货和服务型特点，必须有专门的拣货区；物流配送复杂，特别是"最后一公里"大幅提高了成本。此外，电商需求波峰低谷差距非常大，对仓储的弹性要求很高，如平时仓储只需要配 5 000 万元的货，大促期间则需配 3 亿～ 4 亿元的货。

基于这些差异，电商部门成立时就将电商和公司线下物流仓储区分开来，自建物流仓储系统：启用标准化高位仓库建设，满足"双十一"备货需求；进行防破损包装和 2 米跌落测试[⊖]，减少运输破损；搭建数套拣货、发货等流水线设备，提升发货的速度和准确度。2015 年吴江仓库开始启用，自建仓库面积约 4 万平方米（线下物流仓储面积为 1 万多平方米）。后台人员方面，通过日订单金额和人均作业效率随时计算所需人力，平时电商后台员工约 100 名，大促期则需要约 600 名，不足部分通过市场调配临时工作人员进行补充。

⊖ 跌落测试通常用来模拟产品在搬运期间可能受到的自由跌落，考察产品抗意外冲击的能力。跌落高度大都以产品重量以及可能掉落的概率作为参考标准。

按需调整营销策略。随着不断地运营和发展，欧普电商已经全面覆盖了天猫、京东、淘宝、苏宁、唯品会、1 号店等电商平台，产品也从传统的吸顶灯、筒 / 射灯延伸到浴霸、电工开关插座和智能家居等新的家装品类，此外还在探索浴霸集成吊顶等 O2O 服务模式。基于线上渠道和产品种类的多样化和复杂化，欧普电商在各个方面都采取灵活的战略，随时按需调整营销策略。其一，负责各个电商平台运营的店长会针对不同电商平台的特点，调整促销方式，如相同的产品在京东平台上推出"满 999 减 300""买三免一"等促销活动，而在天猫平台上推出最低价、打七折等活动。其二，各个品类小组会针对各自品类产品特点、竞品情况等随时制定并调整产品销售、宣传设计推广等策略。其三，电商产品在品类搜索中的排名非常重要，消费者在线购物时会优先关注排名靠前的"爆款"。欧普电商品类小组会根据目标消费群体的喜好，以客户需求为导向进行产品规划，并配合店长通过日常高频的小型促销活动不断优化产品搜索位置，通过精细化运营，欧普电商日常销售业绩增速超过 70%。

对官方商城等新渠道的探索

2015 年 12 月，欧普照明官方商城正式上线。官方商城成立的初衷是将近几年欧普照明分散在天猫、京东、苏宁、1 号店等各个电商平台的约 700 万会员资源重新利用。围绕 700 万已经购买过欧普照明产品的会员，官方商城的主要功能除了购物中心外，还有三个：会员中心、服务中心、内容中心。

会员中心：主要是通过客户关系管理（Customer Relationship Management，CRM）系统将积分等优惠信息发放给散落在各个平台的用户，并引流到官方平台进行激活。

服务中心：主要针对在综合电商平台购买灯具、厨卫浴霸等产品但没有配套的安装、维修服务的消费者，官方商城搭建了一个服务入口，接入第三方的安装、清洗服务提供商进行上门服务。

内容中心：主要基于家装内容进行会员互动，并通过奖励的形式鼓励会员自发宣传，形成口碑营销，最终通过会员中心、服务中心、内容中心提升官方商城流量，发展扩大欧普照明垂直B2C电商零售业务。

电商事业部对公司的影响

公司文化的变化

欧普照明原先是"金字塔型"的组织结构，层级分明；下层员工创新主动性不强，以领导意图为工作导向；电商部门常被其他部门评价为"没大没小"。而这种"没大没小"的气氛逐渐渗透到欧普照明整个企业中：总裁马秀慧逐步放权，充分授权下属负责人；公司会议不再是各位副总裁上台做报告，下面员工负责听，而是下面员工随意提问，上面副总裁们负责回答；公司员工不再天天西装革履，见到领导毕恭毕敬，衣着更加年轻化，沟通更加平等，办公室气氛也变得更加活跃。2016年，欧普照明搬进了闵行万象城的"新居"，装修风格活泼明快，整个公司从传统照明企业逐渐变成了更开放、平等、年轻的照明行业龙头。

公司体制的变化

有了电商事业部发展的成功先例，2014 年公司开始全面调整组织结构（见图 8-4），新组织结构中公司在中国区下设家居、商用和电商三个事业部，并进一步对三个事业部放权，每个事业部都有了相对独立的产品规划、销售、服务、供应链等权力。而后台研发、制造、供应链、采购、质检等部门则退到后面成为事业部的"大后方平台"，为事业部提供职能支持。

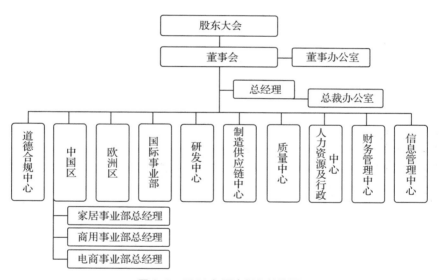

图 8-4　2014 年至今组织结构图

资料来源：根据欧普照明首次公开发行 A 股招股说明书相关内容及企业访谈内容整理。

事业部的体制也发生明显变革。比如家居事业部，一方面，直接裁撤了总部办公室 40% 的员工，将原先每天只"看表格、做表格，叫下面交表格"的低价值员工解雇，并抽调了两个原先在一线的大区销售总监到总部做产品总监。产品设计、研发、制造方面也转向销量结果导向。另一方面，将总部的渠道市场部从控制部门转向服务部门，将更多权力下放到销售大区，招聘更专业的外部人才，策划更符合消费者需求的促销活动，注重不同区域市场和消费习惯的差异。回想公司在事业部体制转型过程中的关键改变，中国区 CEO 丁龙反思：

> 其实放权是一个痛苦的过程，包括我自己，因为除了对事业部的战略和重大的变革我会插手之外，对于日常的事务，有时候你看着他们有些动作不到位，你自己可能比他们更有经验去处理，但是你只能看着，你只能说一下就算了，因为插手多了以后，这个事业部很可能就倒退回去。

公司激励的变化

总裁马秀慧看到了现金激励制度对电商部门员工工作积极性起到了巨大的影响，开始鼓励各事业部制定新的激励政策。比如家居事业部将原先"平均主义"的绩效政策转成了利润中心制，一方面推出了一系列的销售管理系统，更便于监控、管理各个区域每天实时的销售额和利润；另一方面推出了针对不同部门的超额利润奖，比如针对办事处考核销售量，根据销售额增长情况发放奖金，针对大区考核利润和质量，根据利润率情况发放奖金。在激励政策的刺激下，家居事业部和商用事业部在 2015 年都开始拿到超额利润奖，全体员工士气大振。

部门发展的变化

在电商事业部的影响下，家居和商用事业部拥有了更加高授权的事业部机制，拥有了更有动力的激励政策，在业务上也开始从传统老旧的营销方式往更有市场竞争力的方向转型。有了各方面的保障，家居事业部一改颓势。在近几年整个照明市场大盘空间增速缓慢的情况下，欧普照明从 2013 年的行业第三名一跃成为行业第一（见表 8-4）。

表 8-4　欧普照明家居、商用、电商事业部 2013 ～ 2016 年业绩增长情况

	2013 年	2014 年	2015 年	2016 年
家居事业部	1.80%	0.40%	7.50%	11.60%
商用事业部	24.80%	16.40%	11.70%	26.30%
电商事业部	890.60%	137.80%	60.70%	53.30%

资料来源：根据欧普照明提供信息整理。

中国传统照明行业电商转型现状

国内照明行业从 2008 年起由"淘品牌"掀起了照明灯具电商的热潮，随后传统照明品牌开始逐渐重视电商业务，纷纷加入电商行列，将线上销售作为自身产品重要的销售推广和品牌宣传渠道，欧普照明的电商业务竞争对手也逐渐从新兴的"淘品牌"变成了传统照明知名品牌，以雷士照明和飞利浦照明（中国）等为主。

雷士照明电商业务发展情况

雷士照明成立于 1998 年底，2010 年 5 月于香港联交所主板上市。雷士照明在国内拥有 4 大制造基地、38 家运营中心、3 800 多家品牌专卖店，2011 年、2012 年曾为中国传统照明行

业第一，但因为股权之争（见表 8-5）等事件的影响，2013 年、
2014 年、2015 年其销售收入分别为 37.74 亿元、34.71 亿元、
38.46 亿元，几乎没有增长。2013 年 LED 芯片厂商德豪润达逐
步收购雷士照明，成为第一大股东，德豪润达董事长王冬雷成为
雷士照明董事长。王冬雷出任雷士照明董事长后着手转型，目前
雷士照明的 LED 产品市场占比已超过 90%。

表 8-5 雷士照明股权之争始末

时间	事件
1998 年	吴长江出资 45 万，杜刚、胡永宏各出资 27.5 万元，在惠州创立雷士照明
2005 年	吴长江与另外两位创始人矛盾爆发，吴长江第一次被赶出董事会；经销商力挺吴长江，吴长江第一次回到董事会；另外两位创始人各拿 8 000 万元离开企业
2006 ~ 2008 年	雷士照明引入软银赛富、高盛等资金，吴长江失去第一大股东地位
2010 年 5 月 20 日	雷士照明登录港交所，发行 6.94 亿股新股，占总股本 23.85%
2011 年 7 月	雷士照明引入法国施耐德电气为策略性股东，占比 9.22%，为雷士照明第三大股东
2012 年 5 月 25 日	创始人吴长江辞任雷士照明董事长，第二次被赶出董事会。软银赛富阎焱出任董事长
2013 年 1 月	吴长江重新担任 CEO
2013 年 4 月	阎焱（软银赛富）辞去董事长一职。德豪润达董事长王冬雷成为新任董事长
2013 年 6 月	吴长江第二次重回董事会
2013 年 12 月	德豪润达购入雷士照明股权，成为第一大股东，吴长江股权下降至 6.86%
2014 年 4 月	德豪润达再次购买股份，累计持股 27.03%
2014 年 8 月 8 日	雷士照明公告宣布罢免吴长江 CEO 职务，吴长江第三次被赶出董事会

资料来源：根据网络公开信息整理。

　　由于高层动荡，雷士照明在电子商务方面的布局相对滞后。
2012 ～ 2015 年，天猫等电商平台上销售的雷士照明产品都来
自线下经销商运营的网店，电商销售相对混乱。2015 年，随着
内部动荡的局势逐步缓和，雷士照明董事会开始给予电商业务大
力支持，并成立单独的公司运营、探索电商业务。雷士照明的电
商战略为全渠道战略。第一步，雷士照明全面清理假货⊖，并和天
猫平台合作对整个线上渠道进行梳理。2015 年电商业务销售额
增速超过 400％。第二步，通过电商平台，雷士照明开始尝试直
接和终端消费者对话，不断加快产品反馈速度，整个供应链响应
周期缩短至原先的 20％ ～ 30％。第三步，推出 O2O 平台，将
电商思维带入线下门店运营管理中，将传统零售系统全面电商
化——对线下订单通过 O2O 平台进行数据化管理。截至 2016
年 3 月，全国 6 000 家网点中约 400 家加入 O2O 平台。⊜第四
步，人才招聘，从 2016 年 6 月开始高薪聘请大批外部专业电商
人才。第五步，加大宣传推广力度，投入大量资本加大线上各大
运营平台搜索营销力度，通过官方微博、微信、综艺娱乐节目等
多渠道传播，如在综艺节目《WULI 屋里变》投放广告、邀请奥
运冠军做首席体验师等。经过两年大刀阔斧的调整和发展，2016
年"双十一"雷士照明线上销售额超过 1.3 亿元，比 2015 年增
长 358％。

⊖　大照明，《解密：雷士照明"双 11"成绩背后的电商战略规划》。
⊜　《雷士照明潘智慧：将传统零售系统全面电商化》，新浪家居。

飞利浦照明（中国）电商业务发展情况

飞利浦、欧司朗、GE 与喜万年四家巨头曾一度垄断了全球照明行业节能灯与白炽灯时代的高端市场，但随着 LED 技术兴起降低市场门槛以及中国照明企业的崛起，巨头纷纷开始内部整合，剥离薄利业务，确立新的战略方向。当前飞利浦照明业务分成四大块：一是光源（传统照明和 LED 照明）；二是灯具；三是传感器和软件系统；四是延伸服务，包括资讯和生命周期的规划安排。于 2015 年开始，飞利浦照明 Lumileds 独立开展业务，2016 年 12 月飞利浦宣布将照明业务（Lumileds）80.1% 的股权售于阿波罗（Apollo）全球管理公司附属公司管理的某些基金，飞利浦保留 Lumileds 剩余的 19.9% 股权。

目前，飞利浦照明在天猫、京东等平台有官方直营店。2016 年"双十一"飞利浦光源、灯具产品都在天猫热销品牌排行榜 TOP10。由于外企体制、文化等原因，飞利浦在电商业务方面采取第三方代运营⊖模式。2012 年飞利浦照明开始与电子商务服务商宝尊电商⊖展开战略合作，开设官方旗舰店，产品从 LED 灯泡等普通光源扩展到智能照明灯各个品类。宝尊电商为飞利浦提供

⊖ 代运营主要是指帮助一些传统企业开展网上销售并根据销售情况分成，目前代运营包括多种方式，从建站、推广、物流、客服、仓储等领域都有相关的公司涉及。

⊖ 宝尊电商成立于 2007 年初，是一家为品牌企业和零售商提供包括营销服务、IT 服务、客户服务和物流服务等在内的专业的整合式电子商务服务商。当前为英特尔、惠普、雷士照明、飞利浦、伊莱克斯、耐克、玖熙、Levi's、哈根达斯、养生堂、美标、多乐士、吉利全球鹰等 50 家品牌企业提供电子商务整合服务。

网站设计制作、产品拍摄、信息技术（包括 POS 数据分析及 BI、数据库技术、EDI/WebService）、物流支持（包括电子拣货系统 DPS、连续补货程序 CRP、厂家管理库存 VMI、品类管理、自动订货系统 EOS、预先发货通知 ASN、第三方物流配送 TPL 等）、仓储管理以及售后及品牌推广等服务。2016 年"双十一"飞利浦照明灯具灯饰类排名第三，淘宝交易指数从 2015 年的 1 499 793 增长至 1 527 075；照明光源类排名第二，淘宝交易指数从 2015 年的 744 985 增长至 907 555（见表 8-6）。

欧普对未来的思考

除了传统照明品牌雷士照明等，欧普还面临另一类竞争对手——家装小家电品牌的进攻，如美的，这类品牌产品类目广、品牌知名度高，在厨卫浴霸等新领域单点突破，快速在细分品类中占据消费额前列。

新的发展阶段，欧普电商应该如何在新产品开发、用户需求响应、运营流程优化方面保持协同与持续领先？如何在团队成长过程中保持自我造血功能、保持高昂斗志、不因团队逐渐庞大而自满，甚至僵化？如何设定自营的官方商城与利用社会化电商销售平台的角色与关系？

对电商负责人王烨来说，欧普电商最大的敌人是自己。虽然已连续几年占据照明电商第一的位置，但后来者追赶速度越来越快，如果仅仅停留在现有渠道、现有品类，竞争将会越来越白热化。如何持续迭代创新，在未来保持高增长呢？

表8-6 2015年、2016年"双十一"灯具灯饰类、照明光源类销量TOP10

2016年"双十一"灯具灯饰类销量TOP10			2015年"双十一"灯具灯饰类销量TOP10			2016年"双十一"照明光源类销量TOP10			2015年"双十一"照明光源类销量TOP10		
序号	品牌名	交易指数	序号	品牌名	交易指数	序号	品牌名	交易指数	序号	品牌名	交易指数
1	欧普照明	3083098	1	欧普照明	2428355	1	欧普照明	942308	1	欧普照明	778825
2	雷士照明	2270686	2	雷士照明	1697095	2	飞利浦	907555	2	飞利浦	744985
3	飞利浦	1527075	3	飞利浦	1499793	3	雷士照明	674581	3	雷士照明	569110
4	奥朵	1480124	4	奥朵	1400928	4	爱德朗	349683	4	三雄极光	553160
5	月影凯顿	1303957	5	松下	1113734	5	佛山照明	326719	5	美的照明	313106
6	松下	1284875	6	月影凯顿	1031891	6	美的照明	286637	6	爱德朗	311983
7	世源	1001444	7	世源	1017685	7	三雄极光	235681	7	烂美家	208874
8	欧塞洛斯	923363	8	欧塞洛斯	879578	8	LED	204791	8	佛山照明	198427
9	凯乔	788038	9	众光	708004	9	月影凯顿	197566	9	LED	181201
10	摩灯时代	673823	10	POK	699735	10	雪莱特	177410	10	德力西	175675

资料来源：陈海红，《2016年"双11"照明电商战绩对比谁起谁沉》，阿拉丁新闻。

欧普公司 2016 年 8 月已经成功上市且进一步深化执行新战略，在产品方面，除了集中力量推广 LED 光源外，还加大力度孵化电工、集成吊顶、花灯[⊖]、智能照明等新品类；在线下渠道方面，逐步改建和新建 3 000 家品牌专卖店，提高线下渠道的服务质量，并逐步打通线上和线下渠道；在服务方面，推出了"欧普到家"O2O 服务。电商事业部应该如何跟上新战略步伐，更好地支持和促进公司下一阶段的业务发展呢？

对总裁马秀慧来说，现在是欧普最好的时代，也是决定未来欧普发展格局最关键的时候。欧普从广东中山走出来，从一家小灯具公司，经过 20 年兢兢业业、胼手胝足的拼搏，成为如今中国照明行业的龙头企业。在过去几年，欧普利用了行业环境剧变的机会，成功地进行了产品 LED 化及运营模式互联网化的转型，在全球照明领导企业衰退的大潮下逆势上涨。但是欧普在中国的市场占有率仍然有很大的发展空间，欧普在全球的布局也需要有计划地进行。未来线上与线下的发展势头何者为强，资源应该如何匹配？如何在组织机制的设计上让线上与线下运营形成组合拳？如何超越现在的卖产品的组织能力与心态，延伸出更多具备优质服务、高技术含量、整体解决方案的业务？如何在持续快速变化的环境里，保持销售、制造、研发、职能部门（前台、中台、后台）的协同效应，同心同步面对变革？

欧普电商用四年的时间达成了年销售额 15 亿元的规模，那要达成 30 亿元、50 亿元的年销售额的规模又将需要多久？

新一阶段的征程已经开始，接下来欧普的重心应该放在哪里……

⊖　花灯是指具有个性创意的灯具，区别于标准化的吸顶灯。

第 9 章

天臣医疗
吻合器进口替代[⊖]

天臣国际医疗科技股份有限公司（简称"天臣医疗"）成立于 2003 年 8 月。经过 19 年的发展，公司通过不断创新，已形成管型吻合器、腔镜吻合器、线型切割吻合器、荷包吻合器和线型缝合吻合器五大产品线（见表 9-1），获得境内外专利 558 项，其中发明专利 297 项，覆盖中国、美国、欧洲、日本、巴西、加拿大、澳大利亚、韩国等国家和地区，有效突破了美国医疗器械巨头在该领域垄断多年的知识产权壁垒，成为国内高端外科手术吻合器出口领先企业。产品销往我国 31 个省、自治区和直辖市以及境外 40 个国家和地区。

⊖ 本案例作者为中欧国际工商学院周东生教授，案例研究员阮丽旸（于 2022 年 9 月共同撰写，数据截至 2022 年 9 月）。在写作过程中得到天臣国际医疗科技股份有限公司的支持，并参考了现有公开信息（均已在文中注明）。

表 9-1　天臣医疗主要产品系列

产品类别	产品系列	产品图片
管型吻合器类	管型消化道吻合器	
	管型肛肠吻合器	
	管型泌尿吻合器	
腔镜吻合器类	电动腔镜吻合器	
	微创腔镜吻合器	
线型切割吻合器类	直线型切割吻合器	
荷包吻合器类	自动荷包缝合器	
线型缝合吻合器类	直线型吻合器	

资料来源：天臣医疗 2022 年半年报。

2020年9月28日，天臣医疗在上海证券交易所科创板成功上市。当日收盘价较发行价上涨118.64%，市值达到32.57亿元。募集资金将用于研发及实验中心建设、生产自动化技术改造、营销网络及信息化建设等。随着资金到位和相关项目实施，天臣医疗的资产和经营规模进一步扩大，同时也将面临更多挑战。

吻合器行业

吻合器是临床上用来代替传统手工吻合的设备，被广泛应用在外科手术中，其主要原理类似于订书机，即通过向组织内击发植入金属钉，对器官进行组织离断、关闭及功能重建。相比于手工吻合，使用吻合器可以提高手术的效率和质量，缩短康复时间，在减轻患者痛苦的同时降低医疗成本。

作为一种使用过程中需要直接与人体接触或深入体内的医疗器械，吻合器的精准性、安全性等要求极高。比如在微创手术中，需要让患者治疗损伤最小化，做到创伤小、出血少、恢复快、住院时间短等，这需要更精密、更微创的腔镜吻合器。因此，开发吻合器时研发人员需要与医生持续深入沟通，不断提升产品性能。

据统计，全球吻合器市场规模在2019年达到90.18亿美元，年复合增长率约5%，预计到2024年将达到115.09亿美元（见图9-1）。国内吻合器行业起步较晚，市场规模2019年达到94.79亿元。随着我国人口老龄化加剧、医疗健康需求增加、经济不断增长和支付能力提升以及医疗改革不断深化等，吻合器在外科手术中的使用率将进一步提升。2019 ～ 2024 年中国吻合器市场规模年复合增长率约 15%（因国家集中采购在吻合器领域的实施政策尚未明朗，此为非国家集采下的预测数据），预计到 2024 年中国吻合器市场规模将达到 190.58 亿元（见图 9-2）。

　　然而，国内吻合器市场一直由进口品牌主导，2019 年进口吻合器占国内整体市场份额的 73%。其中，对于开放式吻合器产品，经国内厂商多年努力，国产产品已占 60% 以上的市场份额，而对于腔镜式吻合器由于技术水平较高，市场由外资品牌主导，占比达 80% 以上。国内市场参与者主要分为三个层级：首先，以强生、美敦力为代表的跨国医疗器械企业，凭借历史悠久、产品线完整、技术领先、研发能力强、品牌声誉良好等优势，占据最多的市场份额；其次，以天臣医疗、瑞奇、法兰克曼、威克、派尔特等为代表的本土企业，部分自主核心产品性能已达到行业领先水平，具备较强的市场竞争力；最后，国内仍有大量小规模吻合器生产企业，资金实力和技术水平有限，整体竞争能力较弱。

　　目前，发达国家总体微创手术比例已达 80% 以上，而中国发达省市最好的医院微创手术比例也不到 70%。手术微创化、器械操作智能化已是大势所趋，同时，医改对基础医疗水平及医保覆盖予以更高的重视度，这些都将促进国内微创手术的普及，进而拉动吻合器市场的进一步增长。

图 9-1 2015 ～ 2024 年全球吻合器市场规模

资料来源：丁香园，《吻合器行业发展概况》。

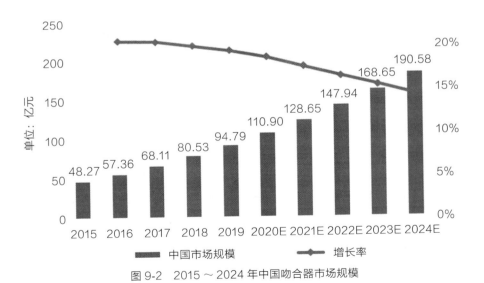

图 9-2 2015 ～ 2024 年中国吻合器市场规模

资料来源：丁香园，《吻合器行业发展概况》。

天臣医疗

创业契机

天臣医疗由陈望宇、陈望东兄弟二人创立。创业之前，哥哥陈望宇曾在外汇管理局、开发区管委会任职 12 年；弟弟陈望东曾在飞利浦消费电子公司任职 8 年。他们一直有创业的想法，希望做一些对社会大众有意义的事，并体验不一样的人生。创业之初，陈望宇原本想做互联网相关的项目，但后来遇到一位医院的教授对他说，要创业，就要敢于去啃硬骨头，做一些对国家、民族有更大价值的事，并推荐了两个当时中国严重依赖进口，而临床需求潜力很大的领域：一是人工心脏瓣膜，二是吻合器。经过一段时间的考察和研究，兄弟二人将创业目光投向吻合器行业。当时吻合器市场被美国强生和美国外科⊖两大巨头垄断，在专利、产品技术和市场方面形成了极高的壁垒，长期无人突破。垄断使得行业发展受限，一方面，许多国家和地区因无法承受产品的高昂价格，病人无法通过这种先进的治疗手段获益；另一方面，垄断也使产品技术进步受阻，大量临床反馈强烈的产品缺陷长期得不到改善，新的临床需求也缺乏更新的产品来满足。与此同时，这也为新创企业留下了发展空间。

于是，兄弟二人商议，从临床需求出发，创立一家自主创新的吻合器企业。陈望东是理工科专业背景，他当时判断，花三年左右的时间应该就能够突破技术壁垒。身为高级工程师的父亲也

⊖　2007 年被美国泰科收购后改名为柯惠医疗，2014 年又被美敦力收购。

认为，机械相关的技术，只要潜心钻研，一般 3 ～ 5 年的时间就能突破。但现实远比想象困难，在那位医院的教授看来，白手起家谈何容易，于是那位教授引荐了一些医学、机械工程方面的专家与兄弟二人交流，并建议他们：吻合器的技术壁垒太高，先不要考虑自主创新，投 50 万元破解和模仿美国的产品即可，这样能快速收回投资。当时这种做法确实很流行，花一两年便可让产品上市销售。但兄弟二人考虑再三，最终决定，创业一定要做正确的事情，模仿虽然能赚快钱，但长期一定会遇到知识产权的瓶颈，无法进入全球主流市场与巨头竞争，而只有实现底层技术的突破，才能不断做强、最终做大，成为一家有长期价值的企业。

虽然当时还摸不着门路，但带着创业的激情，兄弟二人毅然决定投身其中，于 2003 年 8 月成立天臣医疗，立志要做出中国真正自主创新的吻合器，让医生有更多选择，惠及更多病患。从今天回望公司的发展历程，兄弟二人觉得当时的想法可谓"无知者无畏"。

产品创新

天臣医疗最初的创业团队只有 7 名员工。陈望东主要负责研发，团队成员都来自不同行业，且没有相关专业的人才。大家怀着空杯的心态，不受既有产品和技术的限制，从一开始就坚持"自主创新，研发先行，专利布局"的原则，踏上技术创新的探索历程。

研发团队深度学习了人体解剖、外科临床、产品应用以及吻合器专业技术知识，通过与临床医生深入交流，了解真实的临床需求，以此为基础进行头脑风暴，并不断进行试错验证，产生了不少打破传统的创新思路。比如，公司首创的旋转切割技术的灵感就源于一张打印纸。在技术团队绞尽脑汁想办法解决手术中长期存在的切除不净的问题时，一名工程师在复印时被打印纸划破了手掌，瞬间灵光乍现："一张这么薄的纸竟然如此锋利，那么我们是不是可以转变思路，改变传统吻合器冲压式的切割方式，结合纸张割手的运动特性，让吻合器刀口在缝合时旋转一下，满足手术中对缝合的特殊安全需求呢？"经过技术开发和临床试验，公司由此研发出旋转切割技术，攻克了组织安全有效切割的技术难关。旋转切割技术即通过切刀以固定角度往复旋转，模拟日常生活中用刀切割的真实场景，实现安全、可靠的组织切除，且有利于吻合后器械的顺利退出，保证吻合口完好，避免术中因组织切不断而造成的吻合口牵拉、撕裂，提高了手术安全性和成功率。

2006 年，天臣医疗第一代具有自主知识产权、质量安全可靠的外科手术吻合器 CSC（一次性使用管型消化道吻合器）问世。此时，公司专利申请量已突破 200 件。随后，天臣医疗不断实现技术突破并推出创新的产品。比如，2008 年，天臣医疗开创了选择性切除新术式，并开发了 TST 系列产品，用微创的方式有效解决了传统痔病采用的痔上黏膜环切术导致的过度治疗及吻合口狭窄等问题，得到国内外医生的广泛认同，并逐步实现对跨国巨头垄断的痔上黏膜环切术及其所采用的 PPH 产品的替代。2012

年，天臣医疗自主研发了通用腔镜平台技术并开发出腔镜用切割吻合器 ELC，实现了根据临床需求更换组件或钉仓的低成本解决方案，解决了市场上现有竞品的不足。2020 年，天臣医疗研发出一次性使用大视窗自动保险型消化道吻合器（CST），该产品荣获德国 iF 创新设计奖、德国红点奖、意大利 A'DESIGN 设计大奖三项国际大奖（见图 9-3）。

第一款产品研发成功后，紧接着的是生产问题。由于当时国内医疗器械尚未实行上市许可持有人制（MAH），公司必须用自建厂房生产。为使得产品尽快商业化落地，2005 年，天臣医疗特地聘请日籍高管作为首任生产和营运总监，以当时行业最高标准建设了符合 GMP（药品生产质量管理规范）要求的工厂，并建立相应的质量管控体系和生产供应链系统，通过了各国法规的严格审核，以优质的产品实现其创新技术的应用。

为保持技术优势，天臣医疗近年来研发投入一直保持在占营收的 8% 以上，并逐年加大，2021 年，即上市后的第二年，公司研发投入同比增长 90.5%，占当年销售额的 13.7%。公司的无障碍吻合技术、通用腔镜技术平台、选择性切除技术、旋转切割技术、自动保险技术和钉成型技术等成为核心竞争力。为避免技术泄密，天臣医疗建立了严格的保密制度，并在境内外实施相应的专利布局，构筑技术壁垒。截至 2021 年底，天臣医疗已申请专利近 1 500 项，其中有些是核心专利，还有许多专利是对核心技术进行的防御性布局，其核心和非核心专利数量都远超国内竞争对手。

图 9-3　天臣医疗发展历程

年份	术式创新	产品	荣誉/里程碑
2020	管型外科手术吻合器新技术平台 自动保险技术（第四代）	大视窗自动保险型消化道吻合器（CST） 渐变型腔镜用切割吻合器（SELC）	• Red Dot Award（德国红点奖） • iF Design Award（德国iF创新设计奖） • 意大利A'DESIGN设计大奖
2018	经肛端端吻合KOL 钉仓及组件双向更换技术		• 瞪羚企业 • 中国专利优秀奖
2016		包皮吻合器"小金人"（CC）	• 国家知识产权示范企业 • 国家知识产权优势企业
2014	无障得吻合技术，解决"活塞效应"	直肠低位前切除术用吻合器（KOL）	• 第九届国际发明展览会 "发明创业奖·项目奖"金奖
2012	通用腔镜技术平台 永久平台行关闭系统	大视窗选择性切除肛肠吻合器（TSTmega） 开环式微创肛肠吻合器（TST STARR）	• 江苏省微创外科吻合器械工程技术研究中心
2010	钉成型技术（钉环闭成型技术） 选择性切除术 TST	腔镜用切割吻合器（ELC）	• 江苏省百佳优质发明专利
2008	术式创新 自动保险技术（第三代）	直线型切割吻合器（LC） 自动荷包缝合器（APS）	➢ 产品开始在国内上市 • 高新技术企业
2006	钉成型技术（自耗损吻合钉制作技术）	开环式微创肛肠吻合器（TST）	➢ 产品首先在瑞士上市
2004	防回退技术 旋转切割技术	管型消化道吻合器（CSC）	• 第六届国际发明展览会金奖 • 江苏省民营科技企业
2003		★ 公司创立	

资料来源：天臣医疗招股书。

研发模式

在长期研发创新过程中，天臣医疗逐步形成了临床需求驱动、竞争驱动、目标驱动和文化驱动相结合的研发模式，并对研发过程进行有效管理。

在临床需求驱动方面，公司采取了工程师与外科医生见面会（Engineers Meeting With Surgeons，MWS）与最小可行产品（Minimum Viable Product，MVP）相结合的模式。MWS即组织世界各地的外科医生与公司研发工程师进行各种形式的对话，建立创意和技术之间的绿色通道，让创造者和使用者之间产生有效连接。通过该机制，研发工程师们首先极大地丰富了医学和临床知识，增进了对解剖学和外科术式的了解；其次能收集临床痛点和对产品的需求，让医生关于产品的想法得到落地，同时也能让工程师的创意和设计在最快的时间内得到一线医生的反馈，有利于缩短研发周期，降低研发成本。外科医生们可以把自己的诉求或创意交给设计开发团队来实现，并在过程中持续给予建议。这些医生也是公司未来新产品的"早期用户"，可促成一定的临床预热和市场培育，从而加速产品的临床应用和市场拓展。工程师会关注相关技术领域的发展，结合新材料、新工艺，采用MVP的方式，快速验证技术解决方案的可行性。

MVP机制即通过使用快速建模、3D打印、实验首板、体外测试等方式，快速进行创意验证，使研发团队能够更早识别产品是否满足临床需求，以及能否创造商业价值，从而降低研发风险、缩短研发周期。这一机制突破了传统的研发流程限制。通过MVP

机制，研发团队能够始终保持创新的氛围。例如公司第四代全自动保险技术的创新过程正是通过 MVP 机制，先采用高分子材料3D 打印的方式进行结构验证，再渐次使用机加工、简易实验模和正式生产模的方式对零部件进行快速验证和迭代，获得了理想的成果。

在竞争和目标驱动方面，公司会持续跟踪主要竞争对手的产品和技术，深入了解与国际吻合器巨头间的差距，以此为驱动加速新产品开发的进程。同时，公司以高端外科手术器械的技术创新为目标，密切关注外科手术器械的技术发展趋势，即从开放到微创、无源到有源及智能化、常规材料到生物材料相结合等，并以此制定技术创新路径，规划产品的短期、中期及长期开发策略。

在文化驱动方面，公司形成了独特的 PK 机制（见图 9-4），将协同竞争贯穿企业文化中，以此激励技术人员勇于试错和方案的快速实现。在此过程中，首先，公司研发及创新中心资讯科负责拟开发项目前期的整体调研。随后，资讯科创立 PK 组委会并释放项目信息，公司内部员工可自发组队，用 PK 的方式来争取这个项目的开发权，组队时，每个队伍要有自己的技术路径、产品实现方案、市场推广方案、盈利模型，然后进行数轮的同台PK。在每轮 PK 前，资讯科会及时将所有的创新方案汇总并开展专利评审和专利布局，每一轮胜出的队伍既可以保持原来的队形，也可以根据下一阶段的实际需求进行人员调整。最终 PK 会邀请医学、技术、法规和市场营销领域的专家组成专家团进行专业点评，并邀请所有不参加终极 PK 并有意愿的员工成为评委，专业的评审意见加上公司员工对参赛队员的观察，决定最后的胜出队伍。获胜队伍和个人能够获得经济和荣誉上的激励。研发人员参与 PK，能够拓宽自己的边界，最大限度地挖掘自己的潜能，快速地学习和提升自己的专业能力。天臣医疗的管型外科手术吻合器新技术平台就是通过 PK 机制产生的。

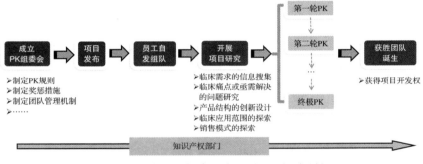

图 9-4　天臣医疗 PK 机制

资料来源：天臣医疗招股书。

高端医疗器械新产品研发具有技术壁垒高、周期长、投入大的特点，需经过项目立项、技术设计、产品试制、产品中试、验证和确认、临床试验、产品注册等阶段，才能进入生产制造环节并上市销售。在此过程中，公司一方面可能面临自身研发方向出现偏差、研发进程缓慢、研发所需材料供应不足、招收临床试验受试者困难、试验未能获得理想的安全性及有效性结果等风险；另一方面可能面临复杂而严格的境内外法规标准和相关监管部门要求，导致产品临床试验或上市申请未能及时获批甚至无法获批的风险。因此，天臣医疗制定了"新产品开发程序"，将研发管理贯穿于研发工作始终，使所有研发环节都有章可循。同时，天臣医疗还制定了"研发支出管理制度"以合理规划公司的研发费用预算和支出，避免盲目投入。

市场拓展

虽然天臣医疗不断突破技术壁垒，研发出创新的产品，但作为初创企业，拓展市场、建立品牌的过程同样艰辛。在国内，当时的市场环境对于本土创新产品不够包容，国产品牌主要以低价竞争，而天臣医疗定位高端，无意争夺低端市场。在海外，当时中国产品遭到许多欧美发达国家的歧视，特别是关乎患者生命的医疗产品，发达国家的医生一般不会主动选择中国产品。而有的海外潜在客户在了解到天臣医疗是中国品牌时，即便看到其创新的特性，一般也会犹豫。这一度让公司因无法打开市场而陷入困境。

对此，团队积极拓展营销渠道，连续参加在德国杜塞尔多夫举办的全球最大的医疗展，并组织各种专业学术会议，从而吸引潜在客户。2008 年，天臣医疗首代 CSC 产品以独特的创新功能和高质量的临床表现，终于被瑞士一位外科医生认可，实现了零的突破。当时，天臣医疗的一家瑞士代理商非常认可该产品，便遮住产品的铭牌，让这位医生同时试用天臣医疗的产品与美国的同类产品。这位医生使用后发现，天臣医疗的产品更加优越，在了解到这是中国的品牌后，大为惊讶，并表示愿意在临床上使用。这位医生还积累了之后多年在手术中使用天臣医疗产品的数据，发表了相关学术文章。以此为支点，天臣医疗的品牌知名度逐渐在海外市场建立起来，先后打开了奥地利、意大利、德国、西班牙、英国等欧洲国家的市场。天臣医疗还与世界领先的专业医疗设备及手术医疗器械制造商 B.Braun（德国贝朗医疗集团）建立了长期合作，由其代理天臣医疗产品在全球 30 个国家的销售。

由于天臣医疗的国际业务占比较高，2019 年达到近 40%，而不同国家和地区的法律体系存在差异，如果在海外市场出现相关纠纷或诉讼，可能使天臣医疗处于不利地位。天臣医疗对此早有应对，2015 年就在意大利成立了全资子公司，主要从事意大利乃至欧洲市场的开拓和客户维护，并支持公司全球市场战略。在境外设立机构能够更好地了解当地法律法规、产业政策，以及应对国际关系紧张、贸易制裁等不确定性。天臣医疗国际市场的份额逐年提升，2019 年其吻合器产品出口额占中国自主品牌吻合器出口额约 14.8%，在欧洲市场，如意大利、西班牙、奥地利等主要出口国，均位居中国自主品牌出口商第一。

与此同时，天臣医疗在国内也通过代理商，使产品在全国 31个省、自治区和直辖市五百多家医院得到应用。2010 年，天臣医疗销售额突破 1 000 万元，2013 年首次实现盈亏平衡。2019 年营收达到 1.73 亿元，净利润达到 4 200 万元；2020 年受疫情影响，营收下降至 1.63 亿元，净利润约 3 500 万元；2021 年销售额已回升至 2.14 亿元，净利润 4 100 万元。

现金流管理

　　天臣医疗成立的前几年，一直依靠自有资金维持运营。而高端吻合器从研发到市场销售，都需要大量的资金投入。随着公司业务的迅速发展，资金需求不断增长。在产品打开销路之前，兄弟二人不仅抵押了全部家产，还通过各种途径融资借款，包括亲友在内，最高时负债达到 6 500 万元。而那时，几家靠模仿起家的同行都已赚回好几倍本金。虽然心理压力很大，但兄弟二人坚信公司一定能走出困境。

　　幸运的是，2007 年，天臣医疗得到时任巨人网络董事兼总经理、中欧同学刘伟女士的 1 000 万元天使投资，让团队得以继续前行。2008 年金融危机后，国家和地方都推出了许多中小企业贷款的支持政策。而在此之前，中小企业没有净资产、固定资产和产品，很难从银行得到贷款支持。陈望宇曾在金融部门工作多年，对银行的流程和文化都非常熟悉，因此从 2008 年开始，天臣医疗充分利用各种金融工具，比如，苏州曾试点过中小企业发债、知识产权抵押贷款，太平保险、中国人民保险推出过保险抵押贷款，苏州元禾控股旗下设立了小贷公司，对园区企业提供信用贷款，南京银行试点过投资型贷款等，天臣医疗利用这些金融工具在项目上都争取到几百万到上千万的贷款。陈望宇介绍，天臣医疗之所以能够持续获得贷款，一是因为公司从来不做假账，这是银行最为关注的不确定因素，相反，天臣医疗会把公司所有的情况如实告诉银行，并与银行清楚沟通公司的发展规划。二是兄弟二人也押上全部身家，这样的情况一般会得到银行的支持和理解。同时，通过各种金融工具的组合利用，天臣医疗也从未逾期还款。天臣医疗的贷款最高成本只有 10% 的利率，再加上当时国家、省市以及园区对中小科技创新型企业的利率补贴，贷款利率最终只有 6% 左右。

尽管公司前期经营困难，但从未出现拖欠工资的情况，每年公司年会还都特别隆重，兄弟二人对家人也从来报喜不报忧，从而让员工和家人对公司保持信心。陈望宇介绍，在公司发展的过程中，"我永远会保留 1 000 万元，保证公司三个月不会有资金问题。这是我在中欧课堂上学到的：只要负债账期足够长，那和拥有这些钱有什么区别呢？把现金流控制好，哪怕走得慢一点，但知道往哪里走，公司风险就是可控的。"

随着产品逐渐被市场接受，天臣医疗的发展进入快车道，2010 年 12 月 31 日，天臣医疗获得第一笔 1 300 万元的风险投资，2013 年又进行了 5 000 万元的 B 轮融资，投资方包括分享资本和英杰医疗。但长远来看，仍无法满足公司加大研发、加快市场开拓和扩大产能的需求，在与资金实力雄厚的对手竞争中难以获得优势。天臣医疗需要更强的资本实力、市场竞争力和抗风险能力。2019 年 11 月，天臣医疗正式改制为股份公司。2020 年 9 月 28 日，天臣医疗在科创板上市，当日收盘价较发行价上涨 118.6%，市值达 32.6 亿元，所募集资金用于研发及实验中心建设、生产自动化技术改造、营销网络及信息化建设等。

未来发展

随着募集资金到位和相关项目的实施，天臣医疗的资产和经营规模进一步扩大，同时也将面临更多挑战。公司需要在资源整合、市场开拓、产品研发、财务管理和内部控制等诸多方面进行完善，加强内部管理、提高效率将成为公司发展面临的重要问题。为此，公司制定了未来十年的发展战略，在人才、组织架构、激励机制等方面进行变革。

目前的国家吻合器行业集采政策不可预见，竞争日趋激烈，天臣医疗该如何应对？同时，新冠疫情的爆发对全球及中国经济各行各业都带来不同程度的影响，天臣医疗如何保持海外业务的增长势头？

随着技术进步和环境变化，比如电动吻合器是否会替代手动产品，一次性医疗器械产生的大量医疗废弃垃圾对环境造成的影响与双碳背景下的环保要求该如何平衡等，这些都对天臣医疗未来技术路径选择提出挑战。

第 10 章

开能健康
可持续性发展的探索与实践[⊖]

  2021 年 6 月，开能健康科技集团有限公司（简称"开能"）副董事长兼总裁瞿亚明拿到的开能最新业绩统计数据显示，在年初的几个月，开能已经实现销售额同比增长超 50%，利润增长约 200%。新冠疫情蔓延期间，国内很多企业无法按预期完成工作任务。开能却在此期间，实现了阶段性的快速发展。如何在业务上进一步发展，把短期机遇转化成长期的核心竞争力？开能的领导在思考和布局开能的整体新发展。

  从 2012 年起，开能在园区内建造全水回用系统，并关闭了

⊖ 本案例作者为中欧国际工商学院李秀娟教授，案例研究员鞠慧蓉（于 2021 年 10 月共同撰写，数据截至 2021 年 6 月）。在写作过程中得到了案例企业的支持，并参考了现有公开信息及企业授权资料。本案例部分财务指标和关键数据出于保密需要可能经过掩饰，但不影响讨论和决策。

市政污水排放口，实现了整个园区废水零排放。开能创始人及董事长瞿建国力排众议，投入巨大，才使得该工程顺利完工。全水回用系统的建造丰富了园区的景观，也帮助开能成为上海市知名工业旅游基地。每年，开能以开放和包容的姿态吸引了数以万计的游客前来参观学习，在展现开能的企业特色的同时，也有效地传播了环保和健康的理念。对于这一特色的工业旅游项目，瞿亚明一直引以为傲。他正在思考是否应该继续投资并大力发展这个项目。有人向他提出工业旅游有潜在的经济效益，每年可以实现 5 000 万元的收入。但开能一直未将工业旅游作为公司产品的营销手段，短期来看，工业旅游项目的投入将不会为主营业务带来直接有效的收益。

瞿亚明因此犹豫是否要继续投入更多资源和精力来把它做得更大和更有影响力。工业旅游项目对于整个集团的未来定位来说应该是什么？是社会公益项目，还是经营业务的一个组成部分？这样的投入是否值得？他想起父亲瞿建国当年对于建造全水回用系统的执着和不计成本的投入，陷入了思考……

水处理与全屋净水

水处理即提高水质，使之达到某种水质标准，可分为给水处理与废水处理。其中给水处理又包含生活饮用水处理和工业用水处理两类。对于生活饮用水处理，主要基于品质较高的水，例如市政供水或天然水，通过对水做进一步过滤处理，可以让水更加纯净。

近几年，随着消费升级与居民健康意识增强，全屋净水概念逐渐兴起。全屋净水本质上是对整个房屋的用水进行净化，并根据水的用途进行处理。在自来水入户总进水管后，通过前置过滤，先初步过滤掉泥沙等大颗粒杂质，再通过全屋净水器，对入户的所有水质进行全面净化，去除余氯及污染物，同时保留水中对人体有益的矿物质元素。在水净化后，会根据水的最终用途分为洗涤用水与饮用水两个管路。洗涤用水是将全部自来水通过全屋软水机进行软化，即利用软水机中的钠离子置换水中的钙镁离子，处理过的水可用于沐浴、洗衣、冲马桶等。而另一路饮用水，则不通过软水机，而是直接接入厨房，经过末端净化装置，对水质和口感进行优化，为家庭提供优质饮用水。

与传统的末端净化饮用水相比，全屋净水系统从源头切入，保障居家全部用水要求。根据中怡康数据，2018 年中国净水器行业总销售额 367 亿元，其中全屋净水销售额为 33 亿元，占净水器行业总销售额的 9%，全屋净水细分市场仍处于行业导入期。

开能的净水业务

瞿建国的创业理念

作为中国最早的上市公司之一申华实业的创始人，瞿建国在从申华实业退出后与儿子瞿亚明以及家人于 2000 年移民到加拿大温哥华，但两个月后，他发现退休后自己的状态变得很差。接受不了养老状态的瞿建国开始思考继续回国创业，并希望在健康与环保领域有所贡献。

在做创业选择时，有四个领域进入瞿建国的视野，分别是：医疗、养老、环保以及生态农业。在他看来，创业不是事业，事业是被他人所认可，为社会创造价值，与员工和社会大众都能共享利益的事。瞿建国说："做真正的事业，赚钱是顺理成章的，好比一颗苹果树，健康成长就一定会结出果实。假如为赚钱不择手段，哪怕能得到果子，也有违初心，不会长久。有做事业的心，就有情怀，在布局事业时，就不会伤害社会，不会赚不道德的钱。"

他认为，当经济高速发展后，大家也会对自己的生活品质有要求。在 2000 年，中国市场对于净水还没有概念，但他认为经济高速发展带来的环境污染和消费升级都将推动净水机未来的发展。同时，消费者在购置净水机后还需要每 1～2 年更换滤料，这将形成一种可持续的服务型产品，有稳定持续的收入来源。而家庭水处理产业，正是与日常生活息息相关的居家环保领域。创业方向的迷途，仿佛一下子被打开，他的眼前豁然开朗。

创立与发展

2001 年，瞿建国回到上海创办开能，英文名"Canature"，是英语单词"Can"（能）与"Nature"（自然）的组合，字面意思是"能自然"，带有自然、健康的含义。同时，他创新性地提出了"全屋净水、全家健康"的理念，即提倡家庭饮水与用水统一标准，通过改善居家整体水质环境，让人们享受高品质的生活。

最初，开能从北美引进核心零部件在中国进行组装和销售，但由于北美地区与中国的原水水质差异，引进的净水机在使用半年后处理出的水质严重不达标，瞿建国称之为"水土不服"。于是，瞿建国立志要自主研发出一台能满足中国水质特点的净水机，且核心技术要掌握在自己的手中。瞿建国开始投入重资在浦东购买了百亩土地，新建研发制造基地，成立了自己的研发中心，建立了化学水质分析实验室、流体实验室等，并组织一大批水质专家对中国的水质污染情况进行分析，带领研发团队吃住在公司，从净水机的核心部件——多路控制阀研发开始，有针对性地研制一系列有效的全屋水处理系统。2003 年开能被认定为上海市高新技术企业，2005 年开能研发中心成立，同年开启海外业务。2009 年，李圭白院士为开能研发中心揭幕。2011 年，开能在成立 10 周年之际，在深交所创业板挂牌，成了中国居家水处理行业上市企业。

为解决生活及饮用水环境污染问题，开能开发了一系列水处理核心部件及整机产品，包括全屋净水设备、全屋软水设备、商用净化饮水设备、反渗透 RO 机、纳滤净化饮水机等（见图 10-1），产品通过中国 ISO9001：ISO14001，以及美国 NSF，欧盟 CE、RoHS，法国 ACS，德国 KTW、W270，英国 WRAS 和 REACH 等多项安全及环保认证，并在欧美等 100 多个国家和地区销售。开能立足研发创新，有多项产品及技术获得欧盟及美国的权威认证，其中净水器的核心部件，如多路控制阀、复合材料压力容器、RO 膜原件等均实现自动化生产。

图 10-1　开能全屋净化系列产品

开能的业务主要分为三个部分：第一部分是终端业务及服务，旗下拥有"开能""奔泰""Spring Water"和"Novo"等品牌，面向国内以及北美市场的终端消费者进行销售；第二部分为整机及核心部件的智能制造，主要面向国内以及国际市场上有定制化产品需求的品牌客户及经销商，为其提供水处理整机产品、核心部件以及 ODM 服务；第三部分为壁炉、空气净化器等产品，满足客户多方面健康生活的需求。

业务选择与标准

在创立开能时，瞿建国曾经在全屋净水和 RO 反渗透技术这两个切入点间做权衡。由于反渗透技术是利用水压将盐分从水中提取出来的，在水处理过程中会产生大量的水损耗，在当时的水处理技术水平下，水回收率在 30% ～ 50%，即得到一杯纯净饮用水的同时会产生 2 ～ 3 杯废水。尽管这个技术产出的水质优异、安全，并且为广大中国消费者认可，很容易撬开市场，但瞿建国认为做一杯水需要扔掉两杯水是极大的浪费。此外，真正的水健康不仅仅是喝的水要干净，更应该是对家庭整体水质环境进行改善，使饮水与用水统一标准。这其中就需要涵盖家庭日常洗菜、洗碗、沐浴、洗涤等用水的整体净化。显然，RO 反渗透产品，只提供了安全的饮用水，却不能解决家庭生活用水的问题。相反，全屋水质净化，能将入户水质全面改善，是真正的满足家庭健康需求的水处理产品，因此全屋净水方向被确定为主要业务（见图 10-2）。

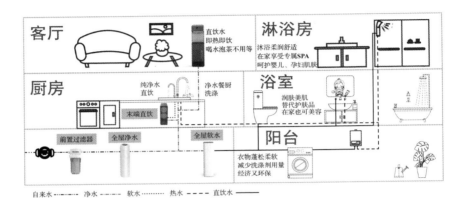

图 10-2 开能全屋净水解决方案

在开能早期发展中，由于同时经营国内市场和欧美市场，也面临过如何确定中国市场产品标准的抉择。欧美市场在经过一定发展后对于产品有非常高的标准，而中国市场处于相对空白阶段，还不存在任何标准要求。因此，如果开能选择根据中国市场的特殊性定义一套标准，则能以较低的制造成本和更高的利润空间在市场上占据有利位置。"但我们还是选择以一致的国际标准来制造中国市场产品"，瞿亚明分享道，"当时我们选择一种长期主义思路，认为高标准尽管在短期内可能对于利润有所影响，但长期会产生收益。事实上也确实如此。高标准确定了开能的产品在市场中的定位，虽然投入增多了，但我们获得了更高的认可度。而且现在回过头来看，统一的高标准其实给我们降低了成本，因为开能做大批量生产。如果产品在不同标准间来回切换，那将会增加员工培训和管理成本，以及机器生产切换产生的生产力损耗。因此，全球统一标准去打造产品反而在开能自动化批量生产中降低了成本。"

净水与环境保护

河浜治理

开能的河浜治理源于一次"不达标"事故。2012 年，政府有关部门在开能检查污水系统时，员工餐厅的排污采样由于雨水倒灌[⊖]而不达标。这次事故引发了瞿建国思考对整个开能园区污水处理的问题。他想，无论是开能自身的排放问题，还是雨水倒灌所致，只要是从开能园区采样的水不达标，开能就难辞其咎。

针对污水治理，开能于当年组织了会议，邀请公司主要管理决策层参会。在会上，有高管提出聘请第三方专业污水处理公司承揽项目，对排污系统进行改造后，将符合标准的污水排入市政管网。"这是许多公司选择的做法，这样的做法成本低、工期短、可以快速解决园区污水不达标问题。"物业经理王爱民说。第二种方案则是自己改造，打造一个全水回用的样本案例，根据园区污水特点进行污水一体化集中处理，再通过物理、植物吸解等渐进方式进行治理。

对此，财务总监袁学伟指出："除了工程预算，浦东的土地已

　　⊖　雨水倒灌：指集中降雨后由于内外部水压差导致的外部水进入内部管网的现象。

经达到 300 多万元一亩，几亩地就是大投入，未来运行还要投入专业维护团队，这个投入巨大且很难产生经济效益。"两个方案各有利弊，成本悬殊。选择项目外包，预计 30 万元完成改造，且工期短，有针对性。而自我改造则需要根据过滤原理建设不同的过滤池，需要对园区有全面的规划，且在资金以及资源上投入巨大。

瞿建国在听了各方意见后表示，尽管开能的主营业务为家用全屋净水，但既然开能能为每个家庭提供健康的水，如果不能把自己园区的水处理好，还如何让客户信赖？所以，他决定采用自我改造方案，并将之列入"董事长工程"。为此，公司成立了专门的工作小组，由研发中心王建信博士负责技术。他结合园区现有的资源，量身定做施工方案，并立下目标——不但要做好全水回用系统，还要把这个工程做到可视化，做到移步换景。在他的整体方案规划中，园区污水处理，不是单一的一个治理项目，而是与园区绿植、河道、景观、亲水平台的打造融为一体，形成一个综合的生态治理方案：散布在园区各处的水质处理设备，设计成了"污水处理小木屋"；净化后的水，与造型石、绿植共同营造了一条园区河道内景，学名"层级式污水处理小瀑布"；遍布于园区各个角落，但又自成一景的"过滤池生态绿化种植"，等等。王博士还补充说："初级净化的水，将接入园区浇灌系统，从而取代传统的自来水，同期也将减少园区为了培养绿植肥料的投入，因为初级净化后的水，含有天然有机肥，是植物最喜欢的肥料。"

这个精心设计的提案实现了"三赢"——园区因为整体项目改造丰富了景点，景致更优雅；日常用于浇灌绿植的水量得以降低；最重要的是，园区将不再向市政污水管网排污。至此，公司没有了对这个项目反对的声音。

全水回用系统

2012 年，开能根据方案建造了一套完整的"全水回用系统"（见图 10-3）。经检测，园区内污水 COD、BOD$^{\ominus}$数据与一般生活污水指标类同，氨氮指标偏高，考虑到处理后的水要作为回用水，系统使用了生化处理池与增强型人工湿地结合的复合工艺，采用三级独立全生态净化处理方式：园区内所有的生活污水都被有效收集起来，经污水收集管网，统一汇入污水处理站，通过生物化解和植物吸收形成第一级分解式处理系统，去除水中的有害有机物质、重金属、环境激素等，达到较为洁净的三类生态水质标准并满足排放标准，可用于园区浇灌花草以及种植菜园。

三类生态水在通过园林绿化、屋顶有机菜园和人工湿地渗透后，流至景观河道，该水为可用于养鱼和家禽的最佳生态水，同时，水在河道中经过芦苇等水生植物的进一步循环分解，达到二类生态水质，并形成生态型景观系统，可用于园区内清洁作业。河道水经过沙滤、碳滤系统过滤，又抽至屋顶形成景观水系统，该系统通过更加精细的生态循环过滤，由垂直流人工湿地、湿地植被床、表面流湿地、紫外线杀菌器等部分组成，让整个屋顶花园的水体长期保持清澈透亮，不混浊，无臭味，为鱼儿提供一个良好的"活水"生态环境。该水质达到一类生态水质标准，可直接生饮。

$\ominus$　COD：化学需氧量；BOD：生化需氧量。

开能环保净水机产业园——全水回用零排放系统介绍
Canature Manufacture Industrial Park—— Introduction of Zero-discharge Waste Water System

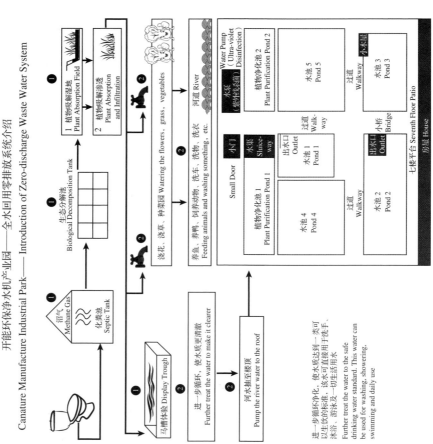

图10-3 开能全水回用系统

开能®
Canature
中国驰名商标

开能整个工厂园区的生活废水及工业废水，全部进行回收再利用，采用三级独立、自然、全生态的净化处理方式，组成了一个完整的自然生态污水处理系统。三级处理系统分别为：

❶ 来自员工生活生活的污水（如粪便、食堂用水等），通过化粪池、植物吸解酵的方式形成第一个分解式处理系统。去除水质中的各类化学有机污染物、重金属、环境激素等，达到较为洁净的三级生态水质标准。该水可用于园区内浇花、种植菜园等。

❷ 通过园林绿化、种植花草树木、屋顶有机菜园等造景，自然溪流至景观河道，该水已转化成为养鱼、养鸭及饲养家禽的生态水。在河道中经过芦苇等水生植物的进一步循环分解，使河道水达到一类生态水质的标准，并形成生态型景观水系统，该水可用于洗车、洗物、清洁用水等。

❸ 河道水经过沙池、碳滤等系统抽至七楼屋顶，成为景观环活系统。通过更加精细的自然生态的循环过滤，使水质达到一类生活饮用水标准。该水可以达到直接生活饮用标准。

以上三类任何一类水，排向自然界，不仅仅是零排放，而是负责排放，对自然界的环境修复起到积极的作用。

配备全水回用系统后，开能关闭了市政污水排放口，园区内产生的污水，通过处理后已达到市政自来水标准，可在园区内得以重新利用。整个园区被打造成了一个可循环、可持续的小型水环境生态圈，并能实现对环境的负排放。对此，王建信解释道："我们的污水经过处理，在满足浇花、种菜等园区需求后，还有剩余，又投放到自然的河道中去。以 COD 为标准，正常河道里的数值在 100 左右，而我们处理过的水达到了 5，因此我们的水排放到河道里可以起到一定的稀释作用，被称为负排放。"他补充道："开能本不想涉猎污水处理业务，但是本着对于水健康的责任心，我们做了一个良好的水循环示范。"颇有"一屋不扫何以扫天下"的风范。

事实上，这套全水回用系统可广泛适用于企业、园区、乡镇，不仅可以大量减少人居生活污水排放，该循环还能节约绿植浇灌用水和减少肥料投入。开能在这套系统的打造与摸索中，也提升了污水处理经验和技术。自全水回用系统投入使用，开能于 2013 年至 2021 年间累计减少废水排放 56 万吨。

河滨游泳

在污水回用系统第一阶段六个月的施工完成后，瞿建国在 2012 年底接待了一位德国客户，也因此暗下决心，要将园区的河道再次改造，能达到下水游泳的水质标准。

当时，这位德国客户经朋友推荐，在家里安装了开能牌全屋净水机和软水机并使用了三年。在亲身感受到开能产品的品质和服务后，他决定来拜访这家企业。瞿建国在带领他和他六岁的儿子一同参观园区时，顺口问孩子："在中国还有什么愿望？"孩子脱口而出"希望能在这条河浜里游泳"。瞿建国看着他，告诉他明年他再来的时候，伯伯一定让你在河里游泳。

就这样，第二阶段的全水回用工程——净化河道水质的工程，立即提上了议程。园区全水回用排放系统第一阶段完成后，园区水体取得了预期效果。但河道中的净化水体，受温度与大自然空气的影响，藻类滋生。要在河道游泳还需要进一步深化处理。2013年初，第二阶段工程开始，主要对河床进行改造，河边建造由开能自行开发的多灌水处理系统，周而复始对河道中的3 000吨水进行不间断处理，15天更换一次滤料，并在河底全面种植吸附力强的植物。通过大自然的阳光、水生植物及活性炭的净化，开能园区河道在2013年夏天时清澈见底。

2013年，浙江一家企业公开邀请环保局局长下水游泳的新闻一度成为热点。受此启发，开能在成功治理了河道水质后，于2013年8月，正式举办了"开能杯第一届河浜游泳比赛"。

之后的每一年，开能固定在每年的大暑时节前后的周末，举办河浜游泳赛。赛事从开始的企业内部活动，慢慢发展为一个环保成果典范盛事，并吸引了国内、国际多家电视台前来报道。参赛选手也从由原来单一的员工组成，演变成为由社会民众共同参与，前来游泳的体验者，年龄最小的有几岁的孩子，年龄最大的有老年冬泳队的健身爱好者。从普通游泳爱好者，到游泳队的专业选手，他们都在开能河浜中畅游。

2017 年，开能在举办第五届河滨游泳赛时，上海浦东新区环保部门副局长携两位处长一起，也来开能园区助阵、参与和体验。浦东环保局领导随同市民一起，下水体验了一把夏日在清水河滨中的清凉。一时间，环保局领导下河游泳一事，再次引起媒体关注，体现了社会各界对环保领域的关注。

清澈的河道水质，成了开能园区一道靓丽的风景线。开能还在河道中放养了两只黑天鹅，它们随性地在河水中嬉戏的身影，也吸引了很多摄影爱好者。瞿亚明谈道："黑天鹅对于栖息的生态环境要求较高，这也体现了开能河道水质的有效改善。"

"十年后的今天，当我们来评估这个项目时，很难用投入资金与产出来衡量。园区在启动全水回用负排放系统项目后，又于 2017 年在河道中补充铺设水生植物，防治水体滋生藻类。在工程上共投入资金 200 多万元。"瞿亚明说。虽然开能并没有因此而减少自来水费中排污费的支出，单纯从财务数据上看很难评估经济效益，但瞿亚明说："如果一定要衡量该项目的投入是否值得，我们可以很肯定地回答——值得。"

工业旅游

2013 年，在全水回用项目全面完成后，开能园区有了很大的变化。首先是园区环境有了质的提升，其次是这样的环保项目也值得成为企业标签。此外，水处理产品已经在海外非常成熟，成为每家每户必备的生活设施，而在中国，消费者对水处理产品意识很薄弱，更没有听说过全屋型产品。

  基于以上多种原因，开能作为水处理行业的国内先行者，有了开展工业旅游的想法，并定下了三个目标：通过工业旅游项目为社会做科普，特别是中小学生的科普教育；将健康的生活方式分享给更多人，帮助大家一起提升健康水平；鉴于工业旅游在发达国家有良好的实践效果，借助这个项目可以促进企业的成长与品牌宣传，提升公司的公众影响力。

  既然要做工业旅游，就要从软、硬件两个方面来共同营造。从软件上，成立了专门的旅游部门，招募专业的中、英文导游；统一规划和设计了园区各项标识识别系统；精心策划园区旅游线路、参观项目、景点解说词等，旨在集趣味性、科普性、教育性于一体。从硬件上，将园区全水回用项目、先进的自动化智能制造装备及园区数字化能源管理系统、研发中心等，融入企业整体对外展示窗口，并根据参观线路的需要，建设了多条空中参观步道，使得每一位来参访的客人，都能得到良好的体验。

  园区很多闲置的屋顶与设施，都得到了良好的规划和改造，共打造成十多个环保景点。"屋顶清水平台"是游客和网红们打卡拍照点，在水中嬉戏的金鱼受到各年龄层游客的喜爱。"屋顶有机菜园"也是游客们特别喜欢的场所，这里遵照农耕节气，种植当季的蔬菜，而且从不打农药，选用传统的方式驱虫，菜园的果实有机自然。在蔬菜丰收的季节，有时游客还能亲手摘上一把新鲜蔬菜带回家。生活在城市中的孩子，很少有田间嬉戏的欢乐，屋顶菜园是孩子认识植物、捉逮昆虫的最佳天地。

同时，园区里也有很多特别有历史故事的植物以及设施，比如自创办以来保留下来的一片竹林、当地农民赠送开能的一口井、附近村民赠送的六棵梧桐树等，都还原并展现给游客。

此外，开能对每一位前来参访的客人进行环境保护和科普知识宣传，旨在让更多的人能够加入环境保护的队伍。通过景区内的全水回用排放系统、屋顶有机菜园、净水体验中心、机器人自动化制造车间等设施，向游客展现了开能水处理设备的研发和制造过程。同时，针对中小学生，开能自主研发了特色的水实验课程，让学生通过动手做实验了解水处理和水循环的过程。该特色课件也在 2020 年荣获了长三角地区科普课件三等奖。

在园区参观中，开能不介绍或推销产品，而是围绕着"健康"向游客进行讲解，介绍什么是健康的水、居住环境和生活方式，让游客了解开能文化同时，也能对于健康有更生动的认知。同时，游客还可以近距离参观全自动机器人生产车间和自动化立体仓库，观察和了解每一台水处理设备从原材料下料到产成品自动包装、入库的全过程。2014 年起，开能年接待游客人数就破万，2019 年接待了两万多名游客，寒、暑假期更是成为上海市中小学生参观实践的热门景点，曾单天最高接待过 800 多名学生与游客。

据开能调查统计，海内外来宾在参观后满意超预期达 50%以上，并给予了高度评价："不能想象上海有如此环保的工业园区""收获了丰富的水知识，是很直观、生动、科学、健康的知识学习过程""园区的全水回用系统使我了解了污水的处理与回收，还品尝了处理过的'马桶水'"。园区参观对中小学生在水质方面的科普是显而易见的。"小朋友在工业旅游中获得了关于净水、纯水、软水等相关知识，并在开能全自动化机械生产中亲身体验了工业化发展的速度，受益匪浅。"

2013 年 3 月 28 日，开能正式成为"上海市工业旅游达标单位"，旅游基地经过三年的运行，被列为中小学生科普教育重点开发项目，成为孩子们课外教室的延伸。在 2016 年上海市旅委组织的工业旅游基地评分中，开能获得"上海市工业旅游景点服务质量要求优秀单位"，并成为上海浦东新区科普基地。

对此，开能人力资源部总监唐佩英表示："开能作为一家开放和包容的企业，推出工业旅游项目就是希望能打开大门，让游客进入我们的工厂、实验室进行参观学习，并且用我们的环保理念感染他们，这也是作为一个开能人所承担的科普健康与环保的职责与使命。"

项目扩展与延伸

随着旅游体系的不断扩大，开能也衍生拓展了客户接待中心、咖啡吧等场所，开展赶集、特色实验课程等项目丰富游客的参观体验，而开能园区中的食堂与中餐厅，也作为旅游环节的配套之一，为游客提供净水烹饪的无味精的健康美食。

"健康食材赶集"是开能基于健康分享的理念于 2013 年推出的创意活动，最初每三个月举办一次，后续发展为每月一次。健康生活很重要的一个方面是饮食，饮食的健康与否与食材本身关系最大，因此开能为大家亲自甄选健康有机食材，并通过传统集市赶集的方式，与来宾们分享。活动非公开性，仅向开能客户及工业旅游参观来宾开放。开能为活动特意搭建了一个 900 多平方米的室内展厅。

赶集食材也从最初的几十样，发展至两百多种，其中法罗群岛的三文鱼、粮食喂养的生态猪肉、泰国的活虾、黄山有机茶叶、各国进口酒庄红酒、原生态散养土鸡、有机蔬菜等大批有机食材进入开能的健康食材供应渠道。整个活动以分享为目的，而非盈利。开能为了能提供给用户优质食材、优惠价格，与食材原产地展开直采合作或直供模式，没有任何中间环节。这个活动一直受到员工、客户、参观来宾的喜爱，也是工业旅游部门很重要的活动项目之一。

传承与创新

2005 年，瞿亚明完成加拿大的学业后回到中国加入了开能。在刚刚成立的以壁炉为主营业务的合资公司中，瞿亚明参与了技术和生产的对接，担任翻译员与外资进行谈判，并成为壁炉公司的总经理，负责公司的运营。对此，瞿亚明评价道："壁炉公司在规模上虽然比较小，但是'麻雀虽小，五脏俱全'，同时壁炉与净水器的目标客户群一致，也是在为我们的产业做布局。"

在经营壁炉公司 6 年后，瞿亚明在 2011 年加入了开能总部的制造部，参与和推动了制造部由手工式组装到自动化发展的转型，并完成信息化改造。"整个转型的过程也是比较艰难的，因为（开能的）创业团队相对来说比较保守，但我总是想多做一些改变，因此，思想上的碰撞在所难免。同时，我父亲对于儿子的要求也比较严格，经常会批评我，当时我也是很不服气的，也会想信息化有个好处就是我可以拿数据来说话"，瞿亚明回忆与父亲的合作与磨合阶段，"但现在反思，我也不一定都是对的，发展的过程中有很多地方需要去创新，也有很多地方需要去传承。这些经历对我来说都是很好的磨炼。"

引进职业经理人

2014 年 7 月，瞿建国第四次创业[⊖]，与开能共同投资成立了原能细胞科技集团（简称"原能细胞"），并开始将精力由开能转到原能细胞上。因为他认为，一旦认准事业方向，就应该持续地追求，讲究"实干"精神，给企业和社会创造真正价值。

瞿建国并没有选择让瞿亚明接班，他认为现有的团队擅长的是企业由 0 到 1 的搭建，但是在 1 到 100 的发展过程中，需要规范化和标准化的管理，也需要组织配备具有不同专业和能力的人才。因此，2017 年，开能引入了职业经理人成为公司 CEO。同时，为了给改革留有更大的空间，瞿亚明从制造部这个核心部门

⊖ 瞿建国共有四次创业经历。第一次，1983 年，为了帮助村民脱贫致富，他办了乡镇企业，帮助孙桥乡实现工业产能过亿，并于 1986 年成为中国农村首批"亿元富乡"；第二次，1987 年，他投身经济改革，带领申华实业登陆资本市场，成为"老八股"之一；第三次就是 2001 年创立开能；第四次，2014 年他关注人类生命科学而创立原能细胞。

退出，独立运营孵化和创新事业部，并以旁观者的姿态参与了改革的全过程。

引入的职业经理人有世界 500 强企业的长期管理经验，他在加入开能后为公司制定快速成长的战略——品牌化。新的战略也为开能的发展带来了全新的侧重点。之前，开能发展的风格和定位遵循着创始人的"实干"精神，一直是"制造农民"，以 2B 业务为发展中心，即注重研发与制造，通过为各净水器品牌提供贴牌生产及品牌赋能，并通过优异的产品、小批量多品种、可定制化的方式，来赢得市场。

然而品牌化的战略则要求开能拥有"小资"属性，需要开能在能力上，打造 2C 业务属性。2B 业务考验的是企业的投资和建设能力，而 2C 业务则需要精益生产、节约成本，以及创造价值，更着力于品牌与渠道的建设。"2B 和 2C 业务的发力点并不相同，因此，当新的战略以及需要开发的核心竞争力与原有发展相悖时，开能内部各体系之间，都感受到了强烈的冲击，开能面临的是强行转型，因此改革效果'不甚理想'。"瞿亚明解释道。因此，2020 年开能终止了与职业经理人的合作。

表 10-1　开能销售数据（2018 ～ 2020 年）

	2020 年	2019 年	2018 年
国内市场销售额（亿元）	4.49	4.14	4.16
国内占比	38.02%	39.25%	46.13%
海外市场销售额（亿元）	7.32	6.39	4.85
海外占比	61.98%	60.75%	53.87%
海外增长	14.58%	31.63%	60.78%

资料来源：开能年报。

正式接棒

在职业经理人退出后，瞿亚明也正式从父亲手中接棒，成为开能的新任总裁。瞿亚明谈道："虽然这次改革的效果并不理想，但对我来说是很好的学习经历，让我学习到世界 500 强的一些管理方式和经验，也帮助我厘清了发展过程中传承与创造之间的关系。需要传承的是开能的企业文化，以及勤勤恳恳做制造的态度，而需要创新的是做事的方式和方法，即'术'。"在接任后，瞿亚明花费了很多精力去重新确定开能的发展战略，摒弃了与开能基因不融合的品牌化战略，继续在 2B 业务上深耕，并确定了围绕主业的更全面的能力建设路径，在以客户领先模式下，完成全品类 BU（事业部）组织架构的重塑，在完成产品能力和管控的基础上，再去进行收并购，推动企业发展。

对于此次接任，瞿亚明认为这是一个好的时机："企业转型过程中会面临很多困难和阻力，以内部人员的身份可能很难推动。但空降的管理者起到了很好的'松土'作用，尽管最后由于水土不服离开了企业，但是给企业带来很多新的东西，并留下了一片松动的土壤，提升了员工的思维，开阔了眼界，为后期的变革创造了可能。"

两代管理者

在开能工作超 20 年并经历了瞿建国、瞿亚明两代管理者不同的管理风格后，现分管国内市场终端品牌与渠道业务的副总裁金凤谈及了自己的观点。她认为两代管理者在企业发展理念上是一脉相承的，但不同的管理风格在开能不同的发展阶段得到了运用。在开能创立的前 10 年，瞿建国身边聚集了一批认同他创业理念且志同道合的创业伙伴，在他的领导下，大家抱有"简单地相信，傻傻地坚持"的工作作风，信奉"指哪儿，打哪儿"，组成了一支执行高效的团队。"记得 2001 年开能第一代全屋水处理产品诞生时，我们都质疑产品是否有市场。因为当时大家普遍月入才千元，而我们的全屋净水机售价在一万多元，市场在哪里？客户在哪里？而且当时中国消费者多数都没听说过水处理产品，更没听说过全屋净水机。开能就是在这样的困境下，在没有广泛市场需求的情况下从 0 到 1，逐步建立发展了起来，"她回忆道。

而这些年来，瞿亚明在企业实践的过程中，不断地学习现代化的企业管理方式，并聘任多位有能力的职业经理人，协同企业获得了高效发展。在上任后，他大胆地进行组织变革，将每个业务转变成独立的 BU，各 BU 的负责人自己进行业务规划并对发展负责。在集团总体发展战略框架下，各 BU 间既有横向竞争也有合力效应。

制造部总经理王军竣则分享道："瞿亚明总裁对于开能的发展方向和企业在发展过程中所存在的长处与不足与瞿建国董事长在认知上有很高的一致性，两者的管理方式和风格却存在一定的差异，董事长更倾向于制定长远的 10 年或 20 年的发展目标，而总裁更关注 3 ～ 5 年内的短期发展。"

他补充道："同时，董事长注重参与工作过程管理，认为过程对，结果一定不会有问题，而总裁更多是以结果为导向，注重考核责、权、利，以数据说话。最后，董事长在长期的创业和经营中积累了丰富的管理经验，要求员工有很强的执行力，而总裁则会更多地听取大家的意见，并积极参与商学院学习，尝试组织变革与管理模式创新。"

以绩效考核与激励为例，瞿建国和瞿亚明采取了截然不同的两种方式。瞿建国将考核指标明确划分三个等级后，却选择不论最终考核结果，给所有员工相同的现金激励。因为他相信，人都有知不足而奋进的意识，有了详细的考核结果和讲解，员工在发现自己的不足后，会努力弥补，向前追赶，而优秀的人往往处于不进则退的处境，会在后来者的追赶下受到激励。他认为，在组织绩效管理初期，这样的激励方式可以有效地促进所有人共同进步，太过严苛的奖罚方式不利于绩效管理的推行。而瞿亚明则更倾向于奖惩分明的管理方式，选择科学激励的同时去信任员工，给他们空间成长。

开能的绿色运营与健康文化

2013 年，开能提出了"六无绿色运营"，即对于环境，无废气，无废水，无废物；对产品，无化学添加，无旧料回料次料，无不利于健康的任何物质溢出。在净水器罐体缠绕设备生产的车间中，热固树脂在燃烧后会形成气溶胶一类的物质，随之也有气味散发出来。开能为了保证工作环境，为每个车间都配备循环通风系统，并利用活性炭吸附味道，有效地控制了气味的发散，在保障员工的作业环境之余也减少向外界的气味排放。此外，在活性炭的罐装生产中，开能为设备升级投入巨大，杜绝了员工在生产过程中与活性炭的直接接触，保障了员工和工作环境的安全，也避免了在生产过程中与对于饮用水过滤至关重要的活性炭的接触。

此外，开能还投入 500 多万元打造一兆瓦光伏电站，每年供应 100 多万度电，减少了对传统能源消耗的依赖。

除了在生产与制造中有着明确的要求，开能对于员工也提出了一系列细致而严格的要求，并制作了"环保宣言"，以行为指南约束员工的工作和生活方式。例如，在创立伊始的 2001 年，开能就要求在园区禁止吸烟，并且鼓励员工戒烟。在招聘时，也拒绝过无法克服上班期间禁烟的优异求职者。对此，开能人力资源部总监唐佩英解释道："如果被问到吸烟是否不好，我相信很多人都会做出肯定的回答。既然吸烟有害，在我们看来，没有意志力去克服则意味着个人对于抵御不好事物的能力是不够的。因此，哪怕能力优异，我们也会重新考虑。"

针对环保，开能还向员工提出了一系列要求，包括节约资源，减少水、电、气、纸张和食物的浪费。规定员工上下三层不得乘坐电梯，拒绝使用一次性塑料用品。同时，为了员工的健康，开能在食堂禁止使用味精、鸡精等调味品，鼓励员工多吃素菜，积极锻炼身体，养成健康的生活方式。

唐佩英表示："这些细节的规定体现了开能对于员工的关怀，也是一种'家'文化。企业从创立以来，瞿建国董事长就一直以身作则，先行先试，树立榜样。他非常喜欢写微博分享一些浅显的与生活工作相关的小心得。我们也整理了很多他的微博，并在电子屏上滚动播放，希望这些思路和想法能够激励员工去做好一些小事，包括用餐礼仪、工作场所不讲方言等。同时，开能一直很关注员工的生活，每年都会资助一些家庭突遭变故的员工。2020 年，开能就拿出 60 万元为 22 名员工根据他们的困难情况进行资助。如果员工生病需要做手术，还会帮忙联系相应的医疗资源，并资助他们完成手术。我觉得这些小事都能很好地反映开能的氛围和对员工的关爱。"

未来与挑战

自接班以来，瞿亚明一直将精力放在开能的未来战略制定与调整上，不敢松懈。开能也在他的带领下，重新确定了优化制造和供应链垂直整合能力打造的方向，加大对于研发的投入，快速定制和科技创新，并在不断试错中，更好地把握住客户的需求。疫情以来业务的高速增长也增强了他对于坚持这一发展方向的信心。

当年瞿建国决定做河浜治理的决定时，也是想长远地解决污水排放的环境问题，既然开能是提供健康用水理念的，就应该用健康理念解决环境污水问题，但没想到无心插柳柳成荫，污水治理反而成就了工业旅游基地，并为企业带来了收益（见表 10-2）。自项目成立以来，开能在 2014 年度，就实现了接待游客上万名，至 2019 年，曾创下单天接待人数 800 多名的佳绩。2019 年通过赶集、门票、咖啡吧、餐厅等已达到年销售额 300 多万元。开能也因此受到日本 NHK 电视台、上海电视台、浦东电视台、中国网、新浪网、腾讯等多家媒体的采访报道。特别是日本 NHK 电视台，其制作了精美的专题内容，在日本本土科普栏目中进行全国播放。

表 10-2　开能工业旅游收入（单位：万元）

	工业旅游（含餐费）	赶集活动	园内咖啡吧	合计
2014 年 7～12 月	2.61	—	—	2.61
2015 年	10.27	—	—	10.27
2016 年	15.68	—	9.53	25.21
2017 年	12.34	36.04	21.02	69.40
2018 年	23.64	101.51	29.06	154.21
2019 年	46.23	131.17	45.51	222.91
2020 年	27.07	69.78	63.29	160.14
2021 年 1～6 月	19.82	17.19	42.61	79.62
总计	157.66	355.69	211.02	724.37

资料来源：开能提供。

瞿亚明在思考，作为一家有特色的工业旅游基地企业，开能是否应该继续利用这一优势，大力推动工业旅游项目的发展，吸引更多的游客前来参观，增强影响力之余，也能帮助社会建立对于水健康以及更广泛的环保和健康的认知。同时，团队也有人认为这个项目能给企业带来潜在的经济效益。反复思量下，瞿亚明决定召集工业旅游部门负责人以及其他高管开会，就工业旅游项目的长期发展进行讨论，因为他知道除了要决定是否应继续扩张工业旅游项目以外，如何最大程度地发挥这个项目的社会效益也是一个难点。同时，他也需要提前规划好扩张后的工业旅游项目应在集团内部处于一个什么样的定位，并确保有相应的资源和决心去贯彻下去……

推荐阅读

读懂未来前沿趋势

一本书读懂碳中和
安永碳中和课题组 著
ISBN：978-7-111-68834-1

双重冲击：大国博弈的未来与未来的世界经济
李晓 著
ISBN：978-7-111-70154-5

一本书读懂 ESG
安永 ESG 课题组 著
ISBN：978-7-111-75390-2

数字化转型路线图：智能商业实操手册
[美] 托尼·萨尔德哈（Tony Saldanha）
ISBN：978-7-111-67907-3